なぜ日本人は世界の中で死刑を是とするのか

変わりゆく死刑基準と国民感情

森 炎

GS

まえがき

死刑について書いた本は少なくありません。

死刑囚との対話などのドキュメンタリー、死刑執行の状況を刑務官などが明かす実録もの、死刑執行までの死刑囚の心を追った医務官の記録など、われわれに生死の問題をあらためて考えさせる貴重なものもあります。

けれども、それらはどれも、死刑が決まったその後のことについての話です。死刑がどうやって決められるのかという点については、何も触れるものではありません。

死刑は裁判所の内部で決められてきたのですから、これも仕方がないことなのかもしれませんが、裁判員制度が始まって市民が死刑を決めるようになった今、それでは済まされません。本書は、このブラックボックス化している部分について、はっきり書いたものです。

死刑の基準としてよく引き合いに出されるのが永山基準（永山判決）です。一九六〇年代後半に起きた連続無差別射殺事件で犯人の少年の死刑の是非が問題になった際に、最高裁判所が死刑判断のために示したものですが、そこでは「被害者の数」「犯人の年齢」などいくつかの項目が挙げられ、それがその後の死刑判決でも言及されるようになりました。

しかし、それ以前にももちろん、死刑の基準はありました。また、私が見る限り、実際の死刑裁判は、永山基準よりももっと具体的で明確な生の基準によって動いています。

本書の第一章では、戦後日本の目ぼしい死刑事件をすべて取り上げて、時代の移り変わりとともに変遷し、今なお変化を続ける死刑判決の軌跡を概観しました。ここで取り上げた一つ一つの死刑事件を見れば、人間が犯す極限的な重罪のほとんどあらゆるタイプがわかるはずです。また、こうした犯罪と死刑、そして日本社会との関係が実感できると思います。

たとえば、戦後の混乱期には、凶悪事件であれば一人殺害で死刑判決が出ることも少なくありませんでしたが、高度成長期から安定成長期へと向かうにつれて、人一人殺しても死刑にならないという流れが形づくられていくのがわかります。そして、オウム真理教事件以降、この流れが変わり、再び死刑への傾斜が始まります。今、裁判員制度の開始という歴史の変わり目を経て、さらにその傾きが加わっていくようにも見えます。その当否を考えるためにも、戦後という時代の流れの中で日本の死刑裁判史をあらためて捉え直してみたわけです。

第二章では、第一章を踏まえて、実際に死刑を決定づける基準を端的に明示しました。これは永山基準の精密化と考えてもらっても結構ですが、ここでは「被害者の数」以外にどのような基準があるのか、それらがどういう順番で重視されているのか、そして、どう組み合わさったときに死刑判決になるかを、直截に、ある意味、生々しく記しました。

死刑の基準がはっきりと示されたとしても、それで事足りるわけではありません。本書では次に、死刑の基準をさらに遡《さかのぼ》って、その源にある人間観や社会の姿を明らかにしています。そして最後には、死刑判決に正義があるかを問います。

一般に死刑は正義を実現するために存在すると考えられていますが、突き詰めて考えると、本当にそこに正義を見出すことができるのでしょうか。実は、第一章で本書の紙幅の半分以上を割いて戦後日本の死刑事件を一つ一つ網羅したのは、この最終テーマに迫るための布石でもありました。死刑の必要性と無意味さ、その二面性を具体的に伝えたかったのです。

戦後、ヨーロッパ諸国で死刑廃止が相次ぎ、アメリカでも死刑廃止に踏み切る一部の州が出てくる中で、私たちが死刑の是非を考えるには、社会のあり方との関連で捉える必要が出てきています。第一章で戦後の日本社会と死刑のかかわりを明らかにしたのには、そうした目的もありました。

ここには死刑判決のすべてがあります。あとは、読者のみなさんがどう考えるか――です。

なぜ日本人は世界の中で死刑を是とするのか／目次

第三章　死刑判決の観点　157

第四章　死刑判決と正義　177

第一章　日本の死刑判決

序　死刑という断面で見た「戦後日本の姿」

日本の戦後の死刑判決を時代の流れとともに概観すると、次のようにまとめることができます。

戦後の混乱期から復興期にかけては、荒廃した世相を背景に、凶悪事件の頻発という事態を受けて、多くの死刑判決が出されましたが（第一期）、高度経済成長期に入ると次第に国民生活が豊かになるにつれ、凶悪事件の発生も落ち着きを見せ始め、それとともに死刑判決の数も減少していきます（第二期）。

日本が経済大国として安定成長へ向かうと、死刑判決の数は少数安定となり（第三期）、バブル期前夜には数の上では死刑判決は一年にほんのわずかと数えるほどになって、ほぼそのままの状態で一〇年以上を推移します。裁判関係者の間では、この時点では、以降は事実上の死刑廃止の流れになるのではないかという観測も出ていたほどですが（第四期）、オウム真理教事件（地下鉄サリン事件）を境に流れが変わり、再び死刑判決の数が増えて現在に至っている（第五期）というのが、わが国の死刑をめぐるおおまかな変遷になります。

以下においては、この五つの時期に区分して、それぞれの時期を特徴づける死刑判決の数々を取り上げていきます。ここでは、さまざまなタイプの事件をできるだけ偏りなく取り上げていますので、自ずとそれぞれの時期における死刑判断の全体像がイメージできるようになっています。

今や、われわれの記憶から失われつつある昭和二〇年代・三〇年代の出来事から、平成の今現在、昨日のことのように生々しく思い出される惨事まで、死刑という断面から戦後の時代の流れを振り返ってみましょう。

1 終戦直後から戦後復興期——頻発する凶悪事件と死刑冤罪

大阪・寝屋川の工場主一家殺害事件（昭和二〇年）

寝屋川の工場主一家六人が惨殺され、自宅敷地内に埋められているのが発見された事件。犯人は、住み込みで一家と寝食を共にしていた従業員だった。

その日、工場主と一緒に工場に出勤した従業員は、早退して一人で帰宅し、家人（工場主の娘、長男の嫁、孫）を庖丁や金槌で惨殺。さらに、工場主の妻、工場主、その長男が家に戻って来るのを待ち、順次惨殺していった。

犯行動機は、給料が安く、待遇が悪いのを怨んでのことだった。

小平《こだいら》義雄・連続婦女暴行殺人事件（昭和二〇年〜二一年）

戦争直後の食糧難を背景に、「いい農家を紹介する」などと言って、買い出し先を求める女性を多数殺害。東京駅をはじめ、渋谷、池袋、浅草など繁華街で女性に声をかけ、買い出し先に案内するふりをして埼玉や栃木の山中に連れ出し、犯行に及んでいた。

七名の女性に対する婦女暴行殺人で有罪となり、死刑判決が下された。

和歌山・兄一家殺害事件(昭和二二年)

歯科医院を開業する兄一家八人を同居の弟が斧や鑿《のみ》で惨殺し、「母の仇を取った」という書き置きをして逃走した事件。

死んだ母親が兄嫁に虐待されていたと思い込んで起こした事件だった。

死刑判決が下されるが、確定の二年後に、サンフランシスコ講和条約の恩赦で無期懲役に減刑され、その後、仮釈放で出所した。

死刑囚時代には、「死刑執行の日までに宇宙の根本原理を掴みたい」と天体力学を独学で勉強し、月の軌道運動に関する論文を書き、天文学者の京大理学部教授に質問状を送るなどして話題となった。が、恩赦で無期懲役となると研究意欲もなくなってしまったという逸話が残っている。

日本アルプス山小屋殺人事件(昭和二二年)

二四歳の大工と二一歳の無職者が、北アルプス烏帽子岳《えぼしだけ》の山小屋で登山者から食料や金品を奪い取ろうと考え、身なりの良い医学生の登山者グループを襲い、うち二名を棒で撲殺して、カメラや時計などを強奪した事件。
犯人は二人とも死刑判決を受けた。

広島・母妹殺害事件(昭和二一年)——少年死刑事件

会社を首になり、実家に戻った少年（一九歳）が、ある晩、自分の夕食が何も用意されていなかったことに憤激、就寝中の母親と妹を木槌でメッタ打ちにしたもの。日ごろから、家でぶらぶらしていることを、母や妹からなじられていた。殺害後、死体を家の裏の古井戸に遺棄した。

事件の種類としては、単純殺人の少年事件だったが、死刑判決となった。この時期には、単純殺人の少年事件でも、二人殺害の場合は死刑となることがあった。

第二小平事件(昭和二二年)

小平義雄の事件と同じように、「買い出し先を紹介する」などと言って、大宮駅周辺で女性に声をかけ、埼玉や茨城の山林に連れ出し、女性三名を殺害した事件。
その手口から、模倣犯と見られて第二小平事件などと呼ばれたが、小平事件が婦女暴行を主目的としていたのに対して、こちらは専ら所持金目当ての殺人だった。

神戸・警官殺し事件（昭和二二年）

三人組強盗の主犯格として、神戸市須磨区の裕福な歯科医師宅へ強盗目的で侵入。物色中に家人に見つかり、通報を受けて駆けつけた警察官に対して、隠し持っていた拳銃を発砲し、死亡させた。

この事件の主犯格の男の死刑執行に関しては、後日談がある。当時の大阪矯正管区長、大阪拘置所長が、刑務官の教育資料にするという名目で密かに死刑執行の状況を録音していて、これが昭和三一年四月一三日の読売新聞朝刊でスクープされた。

最近の報道では、文化放送が二〇〇八年五月六日の午前の番組でこのテープを放送している。

兵庫・赤穂の夫婦強殺事件（昭和二二年）——少年死刑事件

赤穂の農家で夫婦が斧で惨殺され、衣類などが持ち去られた事件。この事件の犯人は、二人組の兄弟だった。一九歳の弟のほうが主犯とされ死刑、兄は無期懲役となった。

この兄弟の裁判では、兄の無期懲役が確定する一方で、弟だけが控訴し、「実は主犯は兄。兄には家庭があり子供もいたため、自分が主犯だと偽りを述べた」と言い始めた。

もし、これが真実だとすると、死刑判断について再検討の余地が出てくるとともに、兄弟で死刑をうまく逃れることにもなりかねない。結局、この「冤罪《えんざい》」主張は認められず、弟については死刑が確定して執行された。

和歌山・近隣主婦強殺事件（昭和二三年）──少年死刑事件

自分の悪行状を近所の主婦が母親に告げ口したのを根に持った無職の少年（一八歳）が、就寝中を見計らって、その主婦を庖丁で刺殺し、その場に寝ていたその家の子供（小学生）も殺害した事件。

犯人の少年は、告げ口を逆恨みしただけでなく、ついでに金品を奪う目的で犯行に及んでおり、事件の種類としては強盗殺人事件だった。

愛知・春日井の肝取り殺人事件（昭和二三年）

自分がハンセン病に罹患したと思い込んだ青年が、人間の生き肝を食せば効くという俗説を信じて、たまたま訪れた行商の女性を殺害して、死体を納屋に運び込んで解体したもの。死体を近くの川に遺棄したことで発覚した。

猟奇的色彩を帯びた事件であるが、実際には、犯人は、肝臓を取り出したわけではなく、解体しようとして死体から飛び出した内臓を見て肝をつぶし、すぐに死体をゴザにくるんで川に投棄したというのが顚末《てんまつ》だった。

千葉・市川の賭博負け金取り戻し殺人事件（昭和二三年）

賭博で大負けした初老の男が、勝った相手から負けた金を取り戻そうと、自宅から持ち出した斧で相手を殺害。負けた分を取り戻すと逃走した。被害者は、市会議員だった。

殺人事件の種類としては、強盗殺人。この時期には、成人の強盗殺人であれば、一人殺害でも死刑となることが少なくなかった。

広島・両親殺害事件（昭和二三年）——少年死刑事件

小学校の助教をしていた少年（一八歳）が、女性教員との交際について元軍人の父親から厳しく叱責され、折檻されたのを根に持ち、父母を匕首《あいくち》で殺害した。

この少年教員は死刑判決を受けたが（確定）、のち恩赦により無期懲役に減刑された。

帝銀事件（昭和二三年）

帝国銀行（当時の日本最大の都市銀行）の椎名町支店に東京都の衛生員を装った男が訪れ、赤痢の予防薬と称して行員らに青酸化合物の溶液を飲ませて一二人を殺害し、現金、小切手を奪った事件。

この事件では、テンペラ画家として有名だった平沢貞通《さだみち》が犯人として逮捕され、死刑判決を受け、確定した。しかし、死刑はついに執行されることなく、平沢は八王子医療刑務所で九五年の生涯を閉じた（昭和六二年）。

毒殺事件は、通常、用いられた毒物から犯人の絞り込みを行うことが多い。用いられた毒物（と同種のもの）を容疑者が所持しているか、所持していないときは過去の入手歴、入手ルートなどを重点的に調べることになる。こうした事柄だけで犯人と断定はできないものの、一定の客観的な絞り込みはできるからである。

ところが、平沢の場合、これらに該当する事実は出てこなかった。

他方、帝銀事件の場合、犯行に顕著な特徴があった。

犯人は、第一薬と第二薬に分けて間隔をあけて溶液を飲ませていた。また、行員に溶液を飲ませる前に、自分で「薬」を飲んで実演していた。

犯人は、おそらくは、第一薬と第二薬に分けて溶液を飲ませることにより、これに関係するあるいはこのことにカモフラージュされた何らかの仕組みによって、遅効性の青酸化合物の作用を利用して大量殺人に繋《つな》げたらしいことが窺える（通常の即効性の青酸化合物であれば、最初に飲んだ者がすぐに苦しみ出すため、そこで犯行が中断する可能性がある）。

また、行員に溶液を飲ませる前にやって見せた実演では、一つの容器から、自分の分も含めた全部の茶碗にスポイトで溶液を垂らして行っており、この実演には、何らかの化学的なトリックが隠されていることになる（遅効性の青酸化合物の作用と解毒に関する時間的なトリックなど）。

しかし、これらの謎は十分には解明されなかった。まず何より、このような犯行の手口を可能にする「遅効性の青酸化合物」とは何なのか、その存在が明らかにされなければならなかったが、この点も十分ではなかった。

平沢はいったん自白したとされて犯人とみなされたが、その平沢の自白では、これらの事柄について特別な説明は何もされていない。

専門的な毒物の知識などない画家の平沢には、捜査機関が摑んでいた通りいっぺんの説明以外、説明しようにもできなかった可能性がある。

現在の裁判の原則からすれば、有罪認定が大いに疑わしいケースだった。

免田《めんだ》事件（昭和二三年）

死刑判決を受け、それが確定し、いつ死刑執行になるかもしれないという状況の中で、再審で冤罪《えんざい》が晴れた死刑冤罪《しけいえんざい》事件（冤罪の冤《えん》とは濡れ衣のことで、冤罪は無実の罪のこと）。

冤罪犠牲者となった免田栄《さかえ》が疑いをかけられた事件は、熊本県人吉市の祈禱師一家四人殺傷事件（夫婦死亡、子供二人が重傷）で、凶器に鉈《なた》が用いられた（らしい）ことから、近隣で植林の仕事に従事する免田青年が犯人として逮捕された。取り調べの結果、一家殺傷事件を自白したとされ、死刑判決を受けて確定した。

再審で冤罪が晴れたのは、事件から三四年後のことだった。

この事件では、捜査段階での自白以外有力な客観的証拠は何もなかった。そして、有罪の根拠とされた自白も、強要によって得られたものだった。

戦後女性死刑囚第一号事件（昭和二四年）

姫路市の農村部で起こった老婦人強殺事件。

犯人は、貧しい母子家庭で育ち、長じて所帯を持ってからも、子沢山なのに夫が失業するなどして、生活苦にあえいでいた。ある日、近所に住む老夫婦の家に鎌を持って侵入。二階で就寝中だった老妻が勘づくや鎌で惨殺し、金品を奪い、火をつけて逃走した。一階に病臥《びょうが》していた老夫は、火が回る前に逃げ出したが、数日後に病死した。

この老夫婦は、犯人のことを幼いころから不憫《ふびん》に思い親身に面倒を見ていた。老夫は、病死する前に、かの犯行が自分たちがわが子のように可愛がっていた人物の犯行と知るや、「自分が老妻を殺して火をつけた」と申し立てて、犯人を庇《かば》ったと言われている。

犯人は、戦後女性死刑囚第一号となったが、明治百年記念恩赦によって、執行を免れている。ただし、その恩赦の理由というのは、正気を失ったことによる異常で、その後回復することがないまま死亡した。

小田原・銭湯一家殺害事件（昭和二四年）――少年死刑事件

銭湯を営む一家五人が、鉈や庖丁で惨殺された事件。

この事件の犯人は一九歳の少年。被害者の営む銭湯の隣に住み、二階から「銭湯を覗いた、覗かない」のトラブルが起きた。女湯を覗かれないよう、被害者側が銭湯の前の倉庫を高くして目隠しにしたところ、少年は激昂。一家皆殺しを企てた。

五人殺害でもあり、死刑判決が確定し、あとは、執行を待つ身となった。

当時、東京拘置所には死刑の執行場がなく、死刑執行の際には、仙台拘置所に移送して絞首していた。この事件の犯人も、いよいよ執行となり、そのために仙台に移送されたが、直前になってそこへ恩赦の報が舞い込んだ。講和条約による恩赦だった（無期懲役に減刑）。

しかし、その後、仮釈放で出所すると、路上で中学生二人を登山ナイフで刺す殺人未遂事件を起こして再び収監された。

三鷹事件（昭和二四年）

列車転覆致死事件で死刑が言い渡された事件。

まだ帰宅客で混み合う夜八時台に、突然、中央線三鷹駅の車庫から無人電車が引き込み線を暴走、ホーム前の車両止めを突き破って脱線して走り続け、完全に軌道を外れてからも転覆しながら道路を横切り、駅前交番をなぎ倒して商店街に突っ込んだ。商店街にいた人などが下敷きになって、六名が死亡、二〇名が負傷した。

この事件では、三鷹管区の国鉄労組関係者一〇名が起訴されたが、九名は無罪判決、一名（竹内景助《たけうちけいすけ》）に対してだけ死刑判決が出された（確定、のち獄中で病死）。

この三鷹事件の一〇日ほど前には、下山国鉄総裁が常磐線綾瀬駅付近で轢死体《れきしたい》となって発見される事件が起きており（下山事件）、その一カ月ほど後には、東北本線松川駅付近で深夜機関車が脱線して機関士ら三名が死亡する事故が起きていて（松川事件）、これらの事件については、世上、国鉄の人員整理をめぐる政府、ＧＨＱの思惑が隠されていると見る空気が強かった（松川事件の裁判では、事件自体が何らかの勢力の別の意図による工作の可能性が出てきて、全員無罪となっている）。

三鷹事件でも不可解な事実が少なからずあった。脱線転覆した電車のために大破した駅前交番には、普段四人の巡査が駐在していたが、何故かその時刻には四人とも交番を空けていて無事だったのである。

一人死刑判決を受けた竹内は、国鉄の人員整理で解雇通告を受けていたものの、すでに転職先を決めていた身で、十分な動機があるとは言えなかった。また、竹内一人だけ有罪という裁判の結果によれば、この大騒動は単独犯だったということになるが、これは事件の実際とかけ離れている。

なお、一〇名の被告のうち、竹内だけが非共産党員で党からの支援をほかの被告ほど受けられなかったという状況もあった。

三鷹事件のように、殺人ではないのに死刑判決が言い渡されたのは、裁判史上異例(もちろん、この事件でも死者は出ているが、殺意は認められないため、殺人事件とは区別される)。

財田川《さいたがわ》事件(昭和二五年)

戦後二件目となる死刑冤罪事件。そのうえ、冤罪で死刑に追いやられたのは、少年(一九歳)だった。

これは、香川県の財田村(琴平の奥の山間の村)で起きた強盗殺人事件で、粗末な一軒家に一人で暮らしていた老人(男性)が殺されて現金が奪われたもの。

当時は、少年事件であっても、強盗殺人では被害者一人で死刑となることがあった。そのため、冤罪のうえに死刑が乗っかり、「少年死刑冤罪」となってしまった日本裁判史上極めて特異な例。

この事件で犯人として逮捕され、死刑判決を受けた少年の冤罪が晴れたのは、事件から三四年後のことだった（少年はすでに五三歳になっていた）。

再審＝無罪までに気の遠くなるような時間がかかるのは、何もこの事件に限ったことではないが、この事件の場合は、その間、再審の申し立てがかかっていない期間だけでも一一年を数えた。これだけの年月に何も動きがなければ、その間に死刑が執行されてしまうのが通常であるが、この事件で死刑が執行されなかったのには特別な舞台裏があった。

死刑の執行命令は法務大臣が下すが、そのためには、一件記録（捜査記録、公判記録）がすべて整っていなければならない。そうでないと、検察では法務大臣に執行命令の起案（死刑執行起案書）を上げることができない。ところが、この事件ではその記録がいつの間にかなくなっていた。

なぜなくなっていたのかは、はっきりしないが、この件を取り巻くいろいろな周辺事情から推すと、冤罪ではないかと気づいた事件の担当検事が、死刑が執行されないように一件記録を隠し持っていたのではないかと現在では見られている。

さらに、この事件が再審＝無罪となったのにも、特別ないきさつがあった。再審を求める運動は、弁護士会や支援団体など外部から起こるのが常だが、この場合は死刑囚をサポートする動きはなく、それは裁判所内部から神がかり的に起きた。

当の死刑囚は、死刑確定後しばらくして当時の地裁の裁判長宛てに冤罪を訴える手紙を出していたが、それは正式の申立書とは到底見られないようなものだったため、私信扱いで裁判所の机の中にそのまま放置されていた。ところが、数年後にこの手紙が偶然、後任の裁判長の目にとまる。法律上は、このような手紙に調査を促す効力はないが、その裁判長が「念のため」と思って個人的に事件を再調査し始めたのが発端だった。調査の過程で、裁判長は「これは冤罪だ」と直感する。そして、その結果、その裁判長はどうしたかというと、裁判官を辞めてその死刑囚の弁護人になったのだった。

財田川事件は、こうやって、奇跡的に勝ち取られた冤罪だった。

この事件の冤罪の原因は何だったかというと、少年の家から押収された物証の評価に問題があった（押収されたズボンには血痕が付着していたが、後になって被告人の兄のものだった疑いが出てきた）ことと、それに加えてやはり、自白の強要だった。

八《や》海《かい》事件（昭和二六年）

山口県の麻《お》郷《ごう》村八海という農村で、農家の老夫婦が殺害されているのが隣家の者によって発見された。夫は刃物でメッタ切りにされて布団の中で死んでおり、妻は、鴨居で首を吊った形で死んでいた。

状況からは心中とも見られたが、金品が奪われていることから、捜査本部は心中に見せかけた他殺事件と判断（夫婦強殺事件）、被害者の妻を鴨居に吊り下げるという偽装工作の状況から複数犯説を取った。

近所に住む若者Aが犯人として挙げられ、指紋が一致、凶器も発見された。Aの自白は、当初は単独犯だったが、捜査本部が共犯関係を追及した結果、遊び友達のBほか三名の名前が共犯者として挙がってきた。

裁判では、Aは無期懲役となったが、主犯と目されたBには、一審、二審とも死刑判決が下った。死刑判決を受けたBは、最高裁に上告。

最高裁では、Bの言い分が認められ、単独犯の可能性があるとして広島高裁への差し戻しが行われた。差戻審の広島高裁で無罪判決となる。

しかし、今度は、検察が検事上告を行う。再度の最高裁。最高裁は、今度は一転して検察側主張を認めて、広島高裁への再差し戻しを行った。再差戻審では、またもや死刑判決。

Bはもう一度上告、すると、最高裁は再び反転、再差戻審の死刑判決を破棄した。そして、三度目の正直ということか、自判して無罪を言い渡した。

この間、一七年。無期懲役が確定したAのほうでは、犯行は自分の単独犯だったと告白するに至っていた。Bは、都合、三つの死刑判決と二つの無罪判決を受けたことになる。

この事件は当時大きな反響を呼び、映画にもなった（今井正監督「真昼の暗黒」）。

藤本事件（昭和二七年）

ハンセン病の疑いで強制的に施設に隔離されることが決まった藤本松夫が、施設送りの決定をした村役場の衛生係を殺害しようとして、その自宅にダイナマイトを投げ込んだとされて（殺人未遂）、有罪判決を受けた。後、松夫は拘置所（といってもハンセン病患者の施設内の特別支所だった）を脱走し、脱走している間に例の衛生係が何者かに殺害されるという第二の事件が起き、この件でも松夫が犯人とされ、結局死刑を宣告されたというものである。

この事件については、裁判の仕方が、ハンセン病をおそれて記録を箸でつまんで一読して済ませるなど、差別的だったのではないかと問題となった。中曽根康弘衆議院議員（後の首相）が中心になって救援活動が行われ、松夫自身も冤罪を言い出した。

冤罪かどうかはともかく、裁判が審理不十分だったことは間違いないと見られている。また、救援活動が盛り上がりを見せ始めたとたんに死刑を執行してしまったことでも批判を浴びた。

静岡・御殿場の宿直員強殺事件(昭和二七年)—少年死刑事件

一九歳の少年が、深夜、御殿場の町役場に押し入り、宿直員二人をまき割りでメッタ打ちにして殺害、金品を奪った。遊ぶ金欲しさの犯行だった。

少年は死刑判決を受けて、それが確定したが、のち恩赦で無期懲役に減刑されている。

新橋・バー「メッカ」強盗殺人事件(昭和二八年)

主犯の青年(正田昭《しょうだあきら》)は、弁護士の家に生まれ、慶應大学を卒業して証券会社に勤めたが、新橋のバー「メッカ」において証券ブローカーを殺害して現金を奪い、死刑になった。

当時、正田は、勤め先を首になってはいたものの、金銭に窮するというほどではなく、徹夜麻雀と酒に明け暮れる生活から、麻雀仲間だったバー「メッカ」のボーイを誘って、安易に強盗殺人を敢行したものだった。仲間と殺害の予行演習をするなど、そのチグハグな心理状態がかえって当時の世相を反映していると見られて、その犯罪はアプレゲール(=「戦後派」)犯罪、正田はアプレ青年の典型と言われた。

死刑判決後、正田が獄中から文芸誌に投稿した小説「サハラの水」は、群像新人賞候補となった。

文京区・小学校内女子児童暴行殺害事件（昭和二九年）

都内文京区の小学校で、それまでクラスにいたはずの二年生の女子児童の姿が見えなくなり、教諭や生徒たちが校内を捜したところ、学校内の便所で死んでいるのが発見された。遺体には乱暴された形跡があり、この事件は、学校関係者、学童を持つ親たち、教育界など各方面に、センセーショナルな衝撃を巻き起こした。

今風に言えば「学校の怪談」のような事件でもあり、外形的には大阪教育大学附属池田小学校の児童殺傷事件にも似たところがある。

ただ、この事件の犯人像は、付属池田小児童殺傷事件の犯人とは全く違っていた。事件の犯人は裕福な家庭に育った二〇歳の若者で、人生の目標も当面の目的もなく、さりとて挫折感も不満も鬱屈もなく、いわば何のこだわりも持たずに刹那的にその日その日を遊び暮らしていた。犯行当日は、ぶらぶらと友人のところに歩いて向かう途中、たまたま文京区内のその小学校を通りかかったときに尿意を催し、学校内の便所を借りに入ったところ、被害児童が目にとまって衝動に駆られ、この大罪を犯したのだった。

小学校内で女子児童にイタズラして絞殺するという稀《まれ》に見る凶悪事件を引き起こしながら、犯人の青年は、その明るくアッサリとした性格から刑務官や医務官に好かれ、法廷で直に接した裁判官をして、判決文の中で「しかし、被告人が生来的にそれほどまでに極悪非道な人間であるとは、裁判所にはどうしても考えられない」（東京地裁昭和三〇年四月一五日判決）と言わしめた良家の美青年であった（それでも結論は死刑だったが）。

埼玉・川越の人違いバラバラ殺人事件（昭和二九年）

同じ年には、また奇妙な事件も起こっている。

畑の広がる川越市南部で、肥溜《こえだ》めの中からバラバラにされた遺体が発見される。被害者は近くに住む一九歳の女性だった。警察は、当然、猟奇殺人として捜査を開始。特徴のある容貌（ひょっとこ面）が手掛かりとなって、犯人が逮捕される。

逮捕された当の男は「逃げた自分の恋人と間違えて通行人の女性を殺してしまった。人違いの事実は、事件翌日の新聞ではじめて知った」と申し立てる。

もとより、警察では、そんなことは信用しない。これは、一九歳の女性を見かけて劣情を催して行ったものに違いなく、挙句に遺体をバラバラにした猟奇的犯罪に間違いないとして、男を厳しく追及した。

しかし、当年とって二九歳になるその男は、「純愛」とか「二人の至上の恋愛」とか、夢のようなことを捜査員も辟易するほどまくしたて、自分と「恋人」のことについて、その様子を何枚も絵に描くなど、夢中になって話すばかりである。そのうち、捜査員にも、この男が猟奇殺人をごまかすために虚偽の供述をしているのではないことがわかってきた。

容疑者は、そんなことができるようなタマではなかった。

そういうことも考慮されてか、裁判では、一審は無期懲役の判決となったが、控訴審で片思いの相手が証人として出頭したことで状況が変わる。その相手は「○○が私のことを勝手に恋人と思っているだけ。私は何とも思っていない」と証言した。面子《メンツ》を失った男は、法廷内で、隠し持っていた竹べらでその女性の胸を突いた。

女性は軽傷だったが、男は死刑となった。

島田事件(昭和二九年)

これも死刑冤罪事件。

犠牲者となったM青年の冤罪が晴れたのは、逮捕から三四年後、平成に入ってからのことだった。

静岡県島田市内で、大井川の蓬萊橋《ほうらい》(明治初期に大井川に架けられた世界最長の木造橋)近くのお寺の幼稚園から女児が連れ去られ、蓬萊橋を渡った対岸の地獄沢というところの雑木林で絞殺死体となって見つかった。

島田市の出身で、当時、横浜、平塚、三島、沼津、静岡、岐阜などを放浪していたMは、事件当時島田市を徘徊《はいかい》していたと見られて、賽銭《さいせん》泥棒の容疑で逮捕され、取り調べを受けた。その取り調べで女児誘拐殺人を自白したとして起訴される。審理の結果、死刑判決を受け、その死刑判決は確定してしまう。

この事件でも、捜査段階の自白のほかに有力な客観的証拠はなく、その自白も、強要によって得られたものだった。

仁保《にほ》事件（昭和二九年）

山口県中央部の仁保の山間の農家で一家六人が惨殺された事件。

仁保出身で大阪で無宿生活をしていた中年男性が犯人と疑われ、以前、郷里の仁保で犯した窃盗未遂の罪で逮捕された。この取り調べの中で、一家六人殺しを自白したとされて、その男性は起訴された。

一審の山口地裁では、死刑判決。二審の広島高裁も同じだったが、最高裁では「事実誤認」で差し戻し、差し戻しの広島高裁で無罪になった。

警察は、当初、隣家の主人を逮捕して取り調べたりもしていた。

北海道・千歳の隣家夫婦強殺事件（昭和二九年）——少年死刑事件

バーテンダーをしていた少年（一八歳）が、自宅裏の質店に強盗に入り、店主夫婦を棒で殴り殺して現金などを奪って逃走した事件。

この少年は、夫婦強盗殺人の際、質店一家の一五歳の息子にも重傷を負わせていた。

松山事件（昭和三〇年）

これも死刑冤罪事件。しかも、捜査側の証拠のねつ造によって死刑にまで追いやられた事件だった。

宮城県の仙台近郊の松山町で農家が全焼、夫婦と子供二人が焼死体で見つかるという事件が起きたが、焼死体は全部、頭を割られていた（一家四人皆殺し事件）。捜査本部は地元の素行不良者を洗う中で、事件直後に東京に働きに出たS青年を逮捕する。事件後上京したのを、高飛びしようとしたと見たのだ。

裁判では、一審、二審とも死刑。最高裁でも上告は棄却されて、Sの死刑は確定した。

この事件では、Sの家から押収した布団カバーの血痕という客観的証拠があった。証拠物として法廷に提出された布団カバーには、実際に、八十数カ所にわたって細かい血痕が付着していた。そして、鑑定の結果、これは人血であり被害者の血液型と一致するとされていた（返り血を浴びたSの頭髪から付着したものと見られた）。

しかし、Sは、冤罪を訴えて再審を申し立てる。再審で争点となったのは、布団カバーの血痕について、押収時に捜査官が撮影した写真には布団カバーには黒いシミのようなものが一点だけ写っているにすぎなかったこと。この点をめぐって、検察・弁護双方の間で「血痕の一点にだけピントを合わせて撮影したからその一点しか写らなかった」「それならネガを出せ」「ネガは紛失した」などのやり取りが行われ、最後には、裁判所は「当初、血痕は付着していなかった蓋然性が高い。本人以外の者がつけた可能性がある」という判断を下して、無罪を言い渡した。

Sの冤罪が晴れたのは、事件から二八年後のことだった。

前に出てきた**財田川事件**（**昭和二五年**）は、戦後裁判史上に残る「少年死刑冤罪」だったが、こちらは、さらに異様さの際立つ「ねつ造死刑冤罪」。

銀座・弁護士妻子強殺事件（昭和三一年）

銀座に自宅兼事務所を構える弁護士の妻と娘が殺害され、金品が奪われた事件。

銀座の中華料理店に勤める若者が、出前で行ったことがある弁護士宅に狙いを付け、白昼犯行に及んだもの。この若者は、現金や金目の品のほか、なぜか六法全書を持って現場から逃走した。

また、死刑判決の言い渡しの際には、裁判長から「最後に何か言うことはないか」と型通り聞かれたのに対して、

「お許しください、わが罪を。知らずに犯した小さな罪が、積もり積もって大罪となる。神の裁きを受けること」云々……と朗々と所感を述べ、それが名調子だというので、当時の新聞や雑誌で取り上げられ、被告人の名前が一挙に広まるということがあった。

被害者の弁護士は、当時、第二東京弁護士会の副会長で、帝銀事件の弁護団長も務めた死刑廃止論者だった。

品川・同僚トランク詰殺人事件(昭和三一年)

元同僚の年配者に、愛人と共謀し、睡眠薬を飲ませて、その同僚が引き出したばかりの会社の金を奪った後、殺害した事件。

死体を大型トランクに入れて引っ越し先のアパートに送ろうとしたことから、配送業者に怪しまれ、アシがついた。当初は、元同僚の横領失踪事件と思われていたが、死体が発見されるに及んで真相が発覚した。

大分・別府の元銀行員の銀行員強殺事件（昭和三一年）

元銀行員の男が、顔見知りの銀行員を襲って集金してきた金を奪うことを計画し、仲間二人と三人がかりで殺害し、死体を海に投棄した事件。

主犯格の元銀行員には、死刑判決が言い渡された。

死刑囚となった元銀行員は、点字の奉仕作業に情熱を傾け、死刑執行までに点字訳した書籍は一五〇〇冊に及んだ。

この死刑囚の点訳奉仕作業と心の軌跡を追った最近のノンフィクションに、矢貫隆著『刑場に消ゆ』（文藝春秋、二〇〇七年刊）がある。

熊本・玉名の饅頭屋夫婦強殺事件（昭和三一年）

夫婦二人で営む饅頭屋が「都合によりしばらくの間休業します」という張り紙を出し、姿が見えなくなった。あまりに長い休業に不審を抱いた親族が店舗兼家屋に入ったところ、その家の長持ちに入れられている二遺体を発見。

これは、元店員の若者の仕業で、金品を奪う目的で夫婦を刺殺したものだった。犯人の若者は、自分の身元を原爆で家族を失った孤児と偽っていた。

昭島・昭和郷アパート放火八人焼死事件（昭和三一年）

都内昭島市の共同住宅から火が出て隣接の建物に燃え移り、焼死者八名を出した事件。付近は老朽化した建物が多く、あっという間に火は燃え広がった。

この火事は放火で、共同住宅に住む元運転手が物置部分に新聞紙を丸めて火をつけたのが原因だった。目的は火災保険金を得るためで、この元運転手の家は五人家族で生活が苦しく、出来の良い長男を有名私立中学に入れたところ、折悪しく失業してしまったために起こしたものだった。

新聞紙を丸めて物置に火をつけるという犯行態様からもわかるように、この事件では、殺意は認められなかった。

現住建造物放火で死刑判決が言い渡された極めて珍しい例ということになる。

ほかにも、三鷹事件のように、殺人事件ではないのに死刑が言い渡された例はないわけではないが、それらは、何らかの、政治・思想闘争や騒乱の側面（それらを利用しようという勢力の動きを含め）を有するケースで、この事件は、全くの市井の事件で殺人事件でないのに死刑が言い渡されたほとんど唯一の例。

福岡・田川の小学女子児童誘拐殺人事件（昭和三二年）——少年死刑事件

田川市の小学校から小学六年の女子児童が母親の急病を口実に連れ出されて、自宅に身代金要求の手紙が届き、家族が警察に届けた翌日、絞殺死体となって発見された事件。

犯人は、一九歳の少年で、女子児童を誘拐するとすぐに殺害し、家族には子供が生きているように装って身代金を要求していた。当時、少年は家出中で、飲食に窮してこの犯行を敢行したものだった。

北海道・稚内の牧場の殺人事件（昭和三三年）——少年死刑事件

牧場主の妹と娘が殺害され、金品や猟銃が盗まれた事件。

犯人は、牧場で働いていた少年（一八歳）で、牧場主の娘に関係を迫って拒絶されたため、絞殺し、死後乱暴に及んだ。その後金品を物色している際に、娘の叔母に見つかったため、鉞《まさかり》で叔母も惨殺した。

前者は婦女暴行殺人、後者は強盗殺人として死刑判決となった。

広域・被害者なり代わり殺人事件（昭和三三年）

水戸の偕楽園下の千波湖《せんばこ》のほとりで、硫酸をかけられて顔を焼かれた男性の死体が発見された。遺体からは、鼻や陰部なども切り取られていた。怨恨によるものとも猟奇的動機によるものとも取れる事件だった。

そのころ、警察には、三年ほど前に下関で起きていた義父母殺しの事件の新情報が入った。その事件で手配されていたのは、大西家の養子の大西克己だった。

下関の義父母殺しというのは、大西夫妻が住まいの市営住宅で青酸化合物により中毒死しているのが発見され、そこに、「親子三人、相談のうえ心中します。わけあって私は一日後に逝きます。あとはよろしく」という怪しげな書き置きが残されていた事件だった。

警察では、早速、この下関の義父母殺し事件で情報の入った男を内偵してみた。ところが、その男は、「大西」ではなく、北海道出身の三浦某で、当時は、都内の建設会社で運転手として働いていて、勤め先でも近隣でも「三浦某」で通っていた。それだけでなく、戸籍上三浦某として妻も娶《めと》り所帯まで持っていた。

この二つの事件の中間の時期には、倉敷の墓地で焼けただれた死体が発見されるという出来事も起きていた。

この一連の出来事は、点ではなく、線で繋がっていて、真相は、次のようなものだった。

大西克己は、義父母殺しで逃亡中、たまたま知り合った北海道出身の三浦某を殺害して三浦になりすますことを計画、三浦に青酸化合物を飲ませて殺害、死体を倉敷の墓地で焼いて身元をわからなくした。大西克己は、三浦某として都内で生活を始め、妻帯し、仕事も見つけ、「真面目で堅実な」暮らしをして生活基盤を築き始めた。ところが、翌年の年末についい酒を飲み過ぎて他人の家に迷い込み、警察に指紋を取られてしまう。再び、別人になりすます必要が出てきた。

三浦某こと大西克己は、浅草で身代わりを物色し、佐藤某という年格好の似た人物を見つけると、今度は佐藤某になり代わるべく、水戸の千波湖に誘い出して殺害、身元不明にするために遺体に手の込んだ工作を施した。

倉敷で発見された焼死体は、警察で三浦某の親族を探し出して確認したところ、手術痕や焼け残った衣服などから北海道出身の三浦某であることが確認された。

千波湖の事件については、佐藤某の家族が、佐藤が家に連れてきた人物が大西克己と一致すると証言した。佐藤はその人物と一緒に家を出て行ったきり二度と帰ってこなかった、と話した。

小松川事件(昭和三三年)――少年死刑事件

都内江戸川区の小松川で通りすがりの若い女性と小松川高校に通う女子高生の二人が殺害された婦女暴行殺人事件。

犯人は、新聞社に犯行声明の電話をかけたり警察に挑発するような電話をするなど、「劇場型犯罪」のはしりとしてマスコミでも大きく取り上げられた。

ところが、逮捕されたのは、極貧の中で育った在日の少年、李《イ》珍《チ》宇《ヌ》一八歳だった。障害者の両親のもとに生まれ、教科書も買えないほどの貧しさだったが、珍宇は友達の教科書を書き写して勉強し、抜群の成績をあげる。体格もよく、積極的な性格で小学校入学以来ほとんど級長を通した。

しかし、学業を終えて就職という段になると、社会の壁に直面する。受けた会社は、大小を問わず全部不合格だった。当時は零細工場を転々としながら定時制高校に通っていた。

死刑を言い渡された珍宇は、自分は一思いに死ぬより苦しんで死ぬことを望むという手記を残している。

横浜・会社役員夫人殺し事件（昭和三三年）

横浜市の高級住宅街の会社役員宅で、白昼、夫人が自宅で何者かに暴行されたうえ殺害された事件。犯人は、この家にガラス工事に入ったことのあるガラス店の店員だった。

御用聞きを装って会社役員宅に上がり込み、夫人を暴行して殺害し、金品を奪って逃走したという犯行で、被害者一人でも悪質性が高かった。

埼玉・岩槻の嫁に不満の家族七人殺害事件（昭和三四年）

自分の気に入らない嫁を押し付けられたとして、伯父や父親に不満を持ち、家庭生活に嫌気がさした農家の働き手が、伯父、父親、嫁など家族七人を殺害して家を焼き払った事件。犠牲者には犯人自身の幼い子供三人も含まれている。

この事件の犯人は、未明に家屋を焼き払ってから行方をくらましていたが、その日の夜になって、越谷市の小料理屋に現れ、しばらく飲酒した後、車に飛び込むという自殺未遂事件を起こし、身柄が確保された。

裁判では、一審は無期懲役だったが、二審で死刑判決となった。一審は、犯行当日の夜の自殺未遂行動を重視して、全体として一家無理心中に近いと判断して死刑を回避した。二審では、それは単なる犯行後の一事情にすぎないと見て、死刑の結論となった。

新潟・小千谷の夫婦殺傷事件（昭和三四年）

目的地までの切符を買う金がなかったために、小千谷駅で途中下車した若者（中村覚）が、寺で宿泊を断られて、一夜を明かすために、付近の農家に押し入って夫婦を殺傷するに至った事件。

その若者は、家人を縄でしばっただけで夜を明かし、その家にあった現金を持っていったんは立ち去ったが、駅に向かう道すがら、これだけでは足りないと思い直して農家に引き返し、縄を解いていた夫婦と格闘になって二人を殺傷した（妻を殺害、夫にも重傷を負わせた）。事件としては、強盗殺人及び強盗傷害事件となる。

死刑囚となった中村は、短歌に救いを求め、島秋人《しまあきと》の名で数々の歌を投稿した。「短歌を詠《よ》む死刑囚」として外国でも有名となり、当時の「タイム」誌にも紹介されている。島秋人こと中村覚は、歌集の出版を念願としていたが、その歌集『遺愛集』が出版されたのは、死刑執行後のことだった。

【第一期の死刑概観】

凶悪事件の頻発と死刑冤罪の続発がこの時期の特徴になります。が、後者（死刑冤罪）については、冤罪が発覚するのは、事件から三〇年以上経った後のことですから、この時代は、それらは単なる死刑事件で、刑事司法の姿としては、社会不安を背景にした厳罰化の流れ一色と言えるでしょう。

戦後復興期には、一年あたりの死刑判決を確定者の数で見ると、二〇～三〇名水準で推移していました（なお、終戦直後は、その倍の水準）。

この時期には、強盗殺人では、一人殺害で死刑となることもさほど珍しくなかったと言えます。婦女暴行殺人についても、凶悪性を帯びたものについては、似たような傾向が見られます。さらに、これ以外の殺人でも、凶悪な手口の事件など犯情の悪い殺人については、一人殺害で死刑となる可能性をかなり残していました。

このような厳罰的な流れのもとでは、身代金目的誘拐殺人、保険金殺人などは、いきおい、一人殺害でも死刑という流れになっていきます。身代金目的誘拐殺人は、その計画性や冷酷性から、事件類型としては、強盗殺人をしのぐ重罪と言えるからです。また、保険金殺人も、身代金目的誘拐殺人ほどではないにしても、強盗殺人を上回る計画性を有するのが常だからです(もっとも、この時代にはまだ保険金殺人は死刑事件としては現れてきていません。これには、生命保険の普及状況が関係していると思われます)。

少年犯罪についても、厳罰的な傾向は顕著に窺えます。

一八歳、一九歳の少年犯罪でも、一人殺害で死刑となることがありました。それは、身代金目的誘拐殺人や犯情の悪い強盗殺人にほぼ限られていますが、二人殺害ともなると、これらの殺人に限らず、死刑になる余地が相当にありました。

また、この時代には、殺人事件でないのに死刑が適用されることがあったのも特徴的です。適用されたのは多数の死傷者を出した事件で、結果としては人が死亡していますから、殺意の有無が違うだけですが、殺人、つまり「意図して人を殺した」と言えないのに死刑にする（国家が意図して生命を奪う）のは、異例と言うほかありません。

2 高度経済成長期――高度成長のひずみと死刑事件

世田谷・慶應幼稚舎二年生誘拐殺人事件(昭和三五年)

慶應幼稚舎に通う銀座の鞄店社長の子供(雅樹ちゃん)が登校途中に誘拐され、後に車の中から死体で見つかった事件。

犯人は、その車の持ち主の歯科医で、派手な女性関係から金に窮し、知り合いの裕福な家の子供を狙って身柄をさらい、多額の身代金を要求した。身代金の受け渡し時に警察官の尾行に気づき、誘拐から二日後、人質の処置に困って殺害した。

この事件では、たまたま犯人の歯科医師宅を訪れた人などによって、誘拐後二日間の被害者の生存が確認されている(睡眠薬で眠らされていた)。また、犯人はフランスのプジョー家(自動車プジョーの創業者一家)令孫誘拐事件を模して実行していて、最初は殺意まではなかったと見られる。当のプジョー家事件では人質の孫を生きて返していた。

身代金目的誘拐殺人の中で最も悪質なのは、最初から殺すつもりで人質を誘拐し、誘拐するや否や殺害して、家族には人質が生きているかのように装って身代金を要求するタイプとされる。

途中まで人質を返すつもりだった本件は、若干異なるわけである。

大阪・住吉の母親バラバラ殺人事件（昭和三五年）

幼いころから強圧的な母親に干渉されながら育った男が、母が商う赤字続きの店を閉めるよう頼むが聞き入れられず、借金の累積などに悩んで母親を殺害、処置に困って死体をバラバラにして雑木林に投棄した事件。

男は、鉄工所で働く傍ら母親の商売を手伝わされていた。

バラバラ殺人で犯情は良くないものの、犯行自体は死刑にまでなるような内容ではなかった。犯人に死刑判決が下されたのは、強盗殺人の前科があり（懲役一五年）、仮釈放中の犯行だったことが影響している。

中野刑務所・看守殺害逃走事件（昭和三六年）

中野刑務所で服役中の受刑者二人が、看守をバールでメッタ打ちにし、首を荒縄で絞めて殺害し逃走した事件。

二人のうち一人は、王子駅前でうろうろしていたところを確保され、死刑判決を受けた。もう一人は、自首して死刑を免れた。

熊本・警官毒殺逃走事件（昭和三六年）―少年死刑事件

一九歳の少年が、派出所の立番巡査から拳銃を奪うことを企て、派出所へ行って話をするなどして気安い仲となり、後日、油断した巡査に青酸入りジュースを飲ませて殺害し、引き続いてタクシー運転手も殺害した事件。

タクシー運転手殺害というのは、立番巡査殺害後、少年は、拳銃を奪い、警官の制服に着替えて派出所前からタクシーに乗って逃走しようとしたが、タクシー運転手に怪しまれ、奪ったばかりの拳銃でタクシー運転手を射殺したもの。

名張毒ぶどう酒事件（昭和三六年）

三重県下の農村で起きた毒殺事件。公民館で開かれた地域住民の懇親会の席でワインを飲んだ女性参加者たちが苦しみ出し、五人が死亡した。

犯人とされたのは、参加者の一人だった男性で、動機は男女関係のもつれ（三角関係の清算のため）とされた。

この事件では、用いられた毒物が農薬だったため、毒物による犯人の絞り込みがあまり有効に働かないという事情があった。また、歯で瓶を開けたとされていたが、その物的証拠とされたワインの瓶の蓋（王冠）に付いた歯の跡は、通常の歯型のような明確性を持つものではなく、その証拠価値には疑問があった。

その後、この事件では再審請求が繰り返されており、二〇〇五年、いったん名古屋高裁が再審を開始するという決定をしたが、のち取り消され、さらに、二〇一〇年、最高裁がもっと詳しく調べる必要があると判断して、現在、再審開始するかどうかが名古屋高裁であらためて審理し直されている。

吉展《よしのぶ》ちゃん事件（昭和三八年）

都内台東区の自宅前の公園で遊んでいた吉展ちゃん（当時四歳）が連れ去られ、身代金が奪われた挙句に、南千住の円通寺の墓石の下に埋められているのが見つかった事件。

この事件では、犯人から身代金要求電話を受けた家族は直ちに警察に通報していたが、警察の段取りが悪く、身代金を持って受け渡し場所へ車で出発した母親を、捜査員が慌てて徒歩で追いかけるという不手際があり、身代金だけ取られ、犯人を取り逃がした。ただ、その時点ですでに吉展ちゃんは殺害されており、捜査ミスのため命を落としたわけではなかった。

誘拐犯・小原保《おばらたもつ》は、吉展ちゃんを誘拐したその日のうちに殺害し、家族には生きているように装って身代金を要求していた。このような類型は、身代金目的誘拐殺人の中でも最も悪質とされる（身代金目的誘拐殺人のほかのタイプには、最初は殺意まではなく人質の処置に困って殺害に至ったものや、最初から誘拐するかどうか迷った末に着手したものなどがある）。

吉展ちゃんの遺体が埋められていた円通寺には、事件後、「よしのぶ地蔵」が建てられている。

西口彰連続強盗殺人事件（昭和三八年）

強盗目的などでの連続五人殺害事件。

被害者の中には老弁護士もいたが、犯人は弁護士事務所から弁護士バッジを盗み出し、弁護士になりすまして裁判所などを舞台に何度も詐欺を働いた。最後は、別の死刑事件の関係者のところに押しかけ、冤罪支援のための弁護人として「立候補」までして怪しまれ、捕まった。

佐木隆三の直木賞受賞作「復讐するは我にあり」は、この西口彰をモデルにした半ノンフィクション作品。

これを映像化した今村昌平監督の同名映画は、犯人の出身地（別府の鉄輪《かんなわ》温泉）でメインロケを張り、殺人シーンもすべて実際の犯罪と同じ場所でロケを行って撮られたことで知られる。

波崎《はさき》事件（昭和三八年）

房総の犬吠埼の近く、利根川をはさんだ茨城県側の波崎町で、毒物によると見られる死亡事件が起こる。

深夜に車で帰ってきた夫が、突然アワを吹いて倒れた。驚いた妻が病院に運ぶが、間もなく死亡。不審死として遺体が司法解剖された結果、青酸反応が確認され、死因は青酸化合物による中毒死と判明した。車で数分のところに住む顔見知りTの家から帰宅した直後のことだった。

被害者は「ハコ屋に騙《だま》された。ハコ屋に薬を飲まされた」と、いわゆるダイイング・メッセージを妻に言い残していた。「ハコ屋」とは、Tのアダ名だった。

また、捜査の結果、Tは自分を受取人とする高額の生命保険を被害者にかけていたこともわかった。

しかし、Tは否認を貫いたため、犯行がどのような手口、方法で行われたかはわからない。

この事件についての検察の見方は、Tが目論んでいたのは交通事故偽装の保険金殺人で、本件は、いわば、その完全犯罪崩れにほかならないというものだった。つまり、目的は、被害者が車を運転して帰る最中に青酸中毒を起こさせることにあり、それによって交通事故死を装い保険金を取ろうとしたものに違いないとしていた。

これに対してTは、「被害者は自殺したのではないか」「本件が青酸化合物による中毒死ということならば、青酸化合物で自殺を図ったものであろう」などと裁判で述べた。

毒殺事件では、通常、用いられた毒物から客観的に犯人の絞り込みを行うことが重要視される。用いられた毒物（と同種のもの）を容疑者が所持しているか、所持していないまでも過去に入手歴はあるか、入手ルートはあるか、などといった事柄であるが、Tからは該当する事実は出てこなかった。

この毒物怪死事件では、時間的な幅からかなりの程度犯人の絞り込みができる半面、用いられた毒物からの絞り込みはできなかったわけである。

ダイイング・メッセージを聞いたという被害者の妻の証言は有力な証拠ではあるが、それだけでは有罪の認定はできない。

裁判の結果は死刑だったが、その後、次のような経過を辿った。

死刑確定後、Tは再審の申し立てを繰り返すが、第一次の申し立ても、第二次の申し立ても認められず、恩赦の請願の署名活動を準備中の二〇〇三年に獄死した。逮捕の時から数えて四一年間、獄中で冤罪を訴え続ける中での病死だった。

福岡・筑後のボーナス強盗殺人事件（昭和三九年）

筑後市職員のボーナスを運ぶ現金輸送車が狙われた強盗殺人事件。

市職員三名が銀行で現金を車に積み込んでいたところ、顔見知りの市立病院職員が現れ、「お疲れさん」と栄養ドリンクを渡された。これを飲んだとたんに三人は苦しみ出し、青酸中毒で二名が死亡した。残り一名は、栄養ドリンクをすぐに吐き出して、事なきを得た。

飲んで重症に陥った二人は急ぎ病院へ運び込まれたが、このとき、なぜか犯人まで病院で倒れ、意識不明の状態に陥っていた。これは、犯行の計算が狂ったショックによるもので、神経過敏の特異体質に精神的ショックが過大作用したものと後になって判明した。

犯人の市立病院職員は諸事気に病む性格で、犯行の動機は嫁姑問題にあった。

この家では、深刻な嫁姑戦争が勃発しており、嫁が子供を連れて家を出てしまったことから、二世帯住宅を建てるしかないと思い詰め、その建築資金を得るための犯行だった。

仙台・幼稚園児誘拐殺人事件（昭和三九年）

仙台市内で会社経営者の子供（智行ちゃん）が自宅から幼稚園へ向かう途中で連れ去られ、家族に多額の身代金が要求された事件。犯人は、身代金の受け渡し現場で逮捕されたが、子供はすでに絞殺されていた。

この犯人は、元・松竹の二枚目俳優で、当時は落ちぶれていたが、かつては女優の岩下志麻などとも共演した銀幕のスター候補生だった。デビュー八年目でスターへの道をあきらめ、郷里に帰ったが、いったん味わった派手な生活から抜けきれず、体面を保つための借金を重ねた末に、生活が立ちゆかなくなっていた。

新潟・女性誘拐殺人事件(昭和四〇年)

新潟市内で起きた成人女性(二四歳)を人質にした誘拐殺人事件。ガソリンスタンドを経営する裕福な家の娘が、交番からの連絡を装った男からの電話で呼び出された。

この事件では、身代金の受け渡しに関して、「何時何分の柏崎行きの列車に乗り、信濃川にさしかかって赤い旗が見えたら身代金を投げろ」という犯人からの指示があった。

これは、昭和三八年三月に封切られた黒澤明監督の「天国と地獄」にそっくりで、映画の中では、「特急こだま何号に乗れ」、特急列車に乗ると、車内電話が掛かり、「国府津《こうづ》の酒匂《さかわ》川の鉄橋にさしかかったところで子供の姿を見せる。子供が見えたなら、身代金の入った鞄を洗面所の窓から投げろ」となっていて、この方法によって犯人はまんまと身代金を手に入れるという筋書きだった。

現実の事件では、母親と兄が捜査員とともに指定された列車に乗り込み、赤い旗も見えたが、列車はあっという間に赤い旗のあった箇所を通過してしまい、実際の列車の走行速度では、とても身代金を投げるようなことはできなかった。

その日の夕方、人質は絞殺死体となって道端で発見された。

犯人は市内で自動車修理工場を経営する家の息子で、仕事を通じて被害者一家とは面識があった。

なお、映画「天国と地獄」が封切られてのち、身代金目的の誘拐事件が頻発し、刑法に「身代金目的誘拐罪」が新設された（それまでは、この種の事件は「営利目的誘拐罪」の一つとして扱われていた）。

少年ライフル魔事件（昭和四〇年）――少年死刑事件

少年ライフル魔というのは、一八歳の片桐操少年のこと。都内渋谷の銃砲店に店員を人質に立て籠もり、駆けつけた警官多数と銃撃戦を繰り広げたセンセーショナルな事件。死者一人、負傷者多数が出て、その様子はテレビでも中継された。

もとはと言えば、ガンマニアの片桐操が、神奈川県の雑木林でスズメを撃っていたところ、警官に職務質問され、銃を取り上げられると思って発砲してしまったのが発端。少年は車を乗り継いで逃走を図り、方々を逃げ回った挙句、夕方、渋谷に辿り着く。渋谷でたまたま銃砲店を見つけ、そこに逃げ込んだ。

銃砲店の店内で片桐少年は珍しい銃を次々と手に取り、いっとき思いっきりぶっ放した。これが、少年にとっての「銃撃戦」の中身だった。

片桐少年は、「あの日がなかったらなあ」と述懐して死刑を執行されたと伝えられている。

この少年ライフル魔事件を題材にした小説に、石原慎太郎『嫌悪の狙撃者』（中公文庫）がある。現東京都知事は、国会議員時代には、片桐少年の減刑嘆願書を出して法務大臣に働きかけるということもしていた。

広域・ぶらり強殺一人旅事件（昭和四〇年）

これは、五〇歳で刑務所を出た男が、わずかな金銭や所持品目当てに行き当たりばったりに強盗殺人を繰り返して、関西から九州を旅して回った事件。

わずか一カ月ほどの間に、滋賀、京都、高槻、西宮、神戸、福岡などの川べりや海辺のバラックで独居者が殺害されているのが次々と発見された。殺害されていた者の多くは、廃品回収業で細々と暮らす者だった。

同一犯人による事件と推定され、現場に残された指紋から足がつき、犯人が逮捕された。数百円といったわずかな金を奪うための凶行で、犯人の古谷惣吉《そうきち》は、たまたま出会ったこうした独居者を手当たり次第に殺害して路銀を得ては、西日本各地を放浪していたのだった。立件できたものだけで、被害者の数は八人に上った。

古谷は、こうした犯行の前には強盗殺人の罪で長年服役していて、仮釈放でシャバに出たとたんに始めた犯行だった。

普通は、殺人と言えば、法、刑罰、裁き、良心、原罪……などの言葉がふさわしい「罪と罰」の世界であるはずだが、これは「ぶらり強殺一人旅～強盗殺人は足の向くまま、気の向くまま」、そんな感すらある犯罪だった。

さらに古谷は、死刑囚となってからも、死刑が執行されるまでの間の昭和五七年に、他の死刑囚に対する殺人未遂事件を拘置所内で起こしている。

国分寺・強盗殺人事件（昭和四一年）

無職の若者が、白昼、国分寺の一軒家に強盗に入り、主婦を刺殺し金を奪って逃走した事件。犯人が現場に残したスポーツ新聞の指紋から足がついた。

犯人は、駅前の販売台で新聞を売っている母親と二人暮らしだったが、勤めていた塗装店を解雇されて投げやりな気持ちになり、遊ぶ金欲しさに犯行に及んだ。

犯人の死刑執行後、母親も電車に飛び込み、死を選んだ。

袴田《はかまだ》事件（昭和四一年）

静岡県清水の味噌製造会社の専務一家四人が惨殺されて家屋が放火された事件。専務宅の向かいにある味噌製造会社社屋に住み込みで働く元プロボクサーの袴田巌《いわお》が犯人として逮捕され、死刑判決を受け、確定した。

袴田は冤罪を訴え、再審請求を二度行っている。二度目は、現在審理中。

この事件では、有罪を認めた裁判においても、四五通あった自白調書のうち、四四通までが不当な強要によるものとして証拠排除されていて、袴田に対する取り調べに少なからず問題があったことは否定できない。

冤罪を疑わせる後日談もある。一審で死刑判決に関与した裁判官の一人が、二〇〇七年二月、当時の判決について、裁判官三人の合議体の結論は死刑だったが、自分は無罪の心証だったと告白して袴田の親族に詫びたうえ、記者会見を開いてそれを公にした。

二〇一〇年四月には、超党派の国会議員による「袴田巌死刑囚支援議員連盟」が発足している。

田無・知人宅居座り強殺放火等連続強盗殺人事件（昭和四一年）

事件の犯人・中島一夫は、死刑囚になってからは、死に向かう落ち着いた態度と見事な最期によって、矯正関係者（刑務所関係者）から「驚嘆すべき死刑囚」と言われて、今に語り継がれている。

中島は、常々「自分は死刑囚になってから生まれ変わった」と言い、「被害者のために喜んで死にます」と言っていたという。最期のときにも「被害者にお詫びできるなら、死ぬことは喜びです。喜んで死ねます」と言い残したと伝えられている。

しかし、中島の犯行は、競輪で無一文となって、田無の知人宅に強盗に入り、その知人の首を絞めたのち布団蒸しにして強殺、殺害後その家に居座って風呂に入り、湯上がりにビールを飲んでから家に放火して出て行ったという傍若無人なもので、あまつさえ、それから一〇日ほど後には、春日部の新興住宅地の一軒家に押し入り、同様手口で一家四人を布団蒸しにして強殺したという、まともな感覚では考えられないようなものだった。

神奈川・戸塚の同僚妻子強殺事件（昭和四二年）

この事件の犯人・堀越喜代八も、被害者の供養のために写経した法華経を腹に巻いて、静かに、そして潔く絞首台に上って行ったと伝えられている。

最後の言葉は、「自分は誠実な償いがしたい」だったと言われている。

けれども、堀越の犯行も、自分の結納金欲しさに、親しくしていた会社の同僚の家に押し入り、面識のあった妻子を殺害したという、これまた人間性が疑われるようなものだった。

町田・警官強殺事件（昭和四二年）

町田市内の派出所で、立番巡査が殺害されて拳銃が奪われた事件。

犯人は、とび職の男で、道を聞くふりをして、いきなり警官をナイフで刺した。拳銃を奪って、それで冷たくなったクラブホステスの愛人と無理心中することを計画していた。

拳銃を奪うこと自体強盗で、この事件は強盗殺人事件となる。

永山事件（昭和四三年）―少年死刑事件

一九歳の少年（永山則夫）が、横須賀の米軍基地からピストルを盗み出し、全国各地（函館、東京、名古屋、京都）で、ガードマンやタクシー運転手など四人を至近距離から撃って殺害した事件。

連続無差別射殺事件と呼ばれたが、タクシーの売上金目当ての犯行もあり、強盗殺人を含んでいる。

永山は、網走番外地に生まれた。一家は生活保護を受け、母親一人で八人の子供たちの面倒を見るという家庭環境の中、一時はその母親からも置き去りにされ、道端に落ちている物を拾って食いつなぐほどの極貧生活を送った。

逮捕されてからは、永山は、「失われた時間」を取り戻すかのように、鉄格子の中で東西の哲学書や思想書を読破し、自らも小説や詩を書いて発表した。獄中手記『無知の涙』はベストセラーになり、『木橋』は文学賞を受賞するなど、それまで貧困の中で埋もれていた才能を開花させる。内面的にも目覚ましい変化を遂げ、自著の女性読者とめぐり会って獄中結婚もする。

裁判では、永山は「貧困と無知が自分の犯罪を生んだ」として死刑の不当性を訴えた。一審判決は死刑だったが、控訴審の東京高裁は、永山の主張を汲み、無期懲役の判決を言い渡す。ここにおいて、死刑の是非があらためて大きな問題となった。

最高裁は、高裁判決を破棄して、差し戻しを行う。差戻審では死刑となり、永山は上告するも最高裁の判断は変わらず結局、死刑となった。

横須賀線爆破事件（昭和四三年）

日曜日の昼下がり、横須賀線上り電車が大船付近を走行中、突然、網棚の上に置かれていた荷物が爆発、網棚の真下に座っていた会社員が死亡、負傷者多数を出した。

爆破事件の場合は、爆破に用いられた時限装置の破片を手掛かりに捜査が行われるのが常道で、これは裁判における客観的証拠にもなる。この事件では、爆弾を入れていた紙箱に特徴があった。これは名古屋の菓子店の「鯱《しゃちほこ》最中《もなか》」なる最中の箱で、容疑者の青年が隣家から同じ店の最中を名古屋のお土産としてもらっていたことが判明した。

犯行の動機は、横須賀線で通っている恋人に振られたためで、腹いせに起こした無差別殺人だった。

宮城・角田の婦女暴行殺人事件（昭和四四年）――少年死刑事件

一九歳の少年が、帰宅途中の大学職員の女性を襲った婦女暴行殺人事件。

少年は、被害者をナイフでメッタ切りにして、血まみれになった瀕死の被害者に対してさらに婦女暴行に及んだ。その犯行態様は婦女暴行殺人事件としても犯情が特に悪く、死刑判決となった。

渋谷・小学一年生誘拐殺人事件（昭和四四年）――少年死刑事件

一九歳の無職の少年が起こした身代金目的誘拐殺人事件。こちらは、身代金目的誘拐殺人事件の中でも極めて犯情が悪かった。

少年は、渋谷区内で歩いて登校途中の小学一年生（正寿ちゃん）の姿を認めると、後ろ首を摑んで、その腹部を殴りつけ、泣き出した正寿ちゃんを抱えてひっさらい、公衆便所に連れ込むと小刀で切りつけて刺殺、正寿ちゃんの遺体を鞄に入れて渋谷駅の一時預かり所へ投棄、夜になって家族に「ガキを預かった」云々という電話を掛けて多額の身代金を要求した。

渋谷署では、その日の深夜、たまたま、署の前を行き来している不審な若い男を見つけ、職務質問した結果、犯人であることが判明し（正寿ちゃんの靴を一足持っていた）、身代金受け渡し前に逮捕となった。

もともと、人質を誘拐し、誘拐するや否や殺害して、家族には人質が生きているかのように装って身代金を要求するタイプの犯行は、身代金目的誘拐殺人の中でも最も悪質とされている。

本件は、このタイプであるのみならず、知能犯的側面に凶悪犯の側面まで加わっている。「誘拐」というのは、詐言や甘言を用いる場合のことで、この事件のように、暴力的に「有無を言わさず」という場合は、ニュアンスに違いが出てくる。いわゆる誘拐罪は、正式には、刑法の条文上「略取《りゃくしゅ》・誘拐」罪となっていて、本件は、そのうちの「誘拐」ではなく、「略取」に当たるもの。「略取」とは、暴力など実力を行使する場合で、要するに「拉致《らち》」である。

本件は、通常の身代金目的誘拐殺人とも、また一段違った特別の悪質性があった。

松山・実母保険金殺人事件（昭和四六年）

中年の男が姉と共謀して実母を交通事故に見せかけて殺害、多額の保険金を騙し取ったケース。

この件で死刑判決が下ったが、男は、実母殺害に引き続いて、さらに兄と共謀して自分の妻を口封じのために殺害していたこともわかっていた。妻殺害の件については無期懲役の判決を受けた。

二つの重大事件が発覚する前に、犯人が二つの中間に犯した何らかの別の事件で判決を受けていると、重大な二つの事件を一緒に立件することができず、このような「二つ判決」の結果になることがある。この事件の犯人は、二つの殺人事件の中間に詐欺罪で確定判決を受けていた。

大久保清・連続婦女暴行殺人事件（昭和四六年）

スポーツカーを道具立てに、画家を装い、「絵のモデルになってくれませんか」などと声をかけて、群馬県内で女性を多数殺害した事件。

誘いに応じて車に乗り込んできた女性を次々に婦女暴行、うち抵抗したり、泣き寝入りしない女性を殺害した。

八名の女性に対する婦女暴行殺人で死刑となった。

あさま山荘事件（昭和四七年）

連合赤軍の「兵士」五名が、軽井沢の「あさま山荘」（企業の保養所）に管理人の妻を人質にして立て籠もり、人質の救出を図る警官隊と九日間にわたって対峙し、散発的に銃撃戦を繰り広げた事件。警官を含む三名が死亡した。

これより前、連合赤軍は、群馬の榛名山や妙義山の山中で、武力革命を目指す「革命戦士」として軍事訓練を行っていたが、動きを察知した警視庁公安に包囲されつつあった。仲間が次々に逮捕されていく中で、アジトを捨てて包囲網を逃れた五名が、山中を三日間彷徨《さまよ》った末、軽井沢に出て、あさま山荘に立て籠もったのがこの事件だった（連合赤軍は、山岳アジトで「総括」と称して仲間一二名をリンチによって殺害していたことも、後に明らかとなった）。

この事件では、主犯格の男一人に死刑判決が下った。

【第二期の死刑概観】

高度経済成長期には、凶悪事件が第一期（終戦直後から戦後復興期）と比べて減ってきたことを受けて、死刑判決の数も減少しています。この時期には、確定者数は一年あたり一〇名水準で推移していきました。

ただ、どのような事件が死刑とされるかという死刑の範囲自体は、第一期の流れとさほど変わらなかったと言えます。

この時期も、強盗殺人や凶悪性を帯びた婦女暴行殺人では、一人殺害で死刑となることがありました。身代金目的誘拐殺人、保険金殺人では、さらに死刑になる可能性が大きくなるという点でも同じです。

少年犯罪についても、厳罰的な傾向は大きくは変わっていません。

永山事件では、いったんは途中の二審で無期懲役との判断がありましたが、この時代に起きた少年事件では一人殺害でも死刑となることがあったわけですから、四人殺害のこの事件で無期懲役という判断には、所詮、無理があったと言えるでしょう。

他面、この時期には、身代金目的誘拐殺人、保険金殺人、強盗殺人、凶悪性を帯びた婦女暴行殺人以外の殺人にあっては、一人殺害で死刑というものは影を潜めていきます。通常の殺人の場合は、犯情の良くない場合であっても、死刑にはしないという傾向が出てきています。

3 経済大国へ向かう安定成長期——縮小する死刑の範囲

上野・消火器販売業一家殺害事件（昭和四九年）

東京の東北地方への玄関口・上野駅近くで、消火器販売業を営む一家四人が店舗兼家屋で殺害されているのが、訪ねてきた親戚によって発見された。時刻は正午で、またどうしたわけか、そこには、国鉄職員の死体もあった（五人殺し）。

通報を受けた警察が現場を調べると、脱ぎ捨てられた血染めのズボンが無造作に残されていて、犯人が返り血を浴びて着替え、置いていったものと思われた。さらに、そのズボンには、クリーニング屋で仕上がり衣服に付けるネーム・タグがそのまま付けられていて、タグの名前が読めた。

ネームを手掛かりに捜査員が容疑者の家を突きとめたところ、母一人子一人のその家では、事件当日に、息子が「もう家にはいられなくなった。捕まったら死刑になるから、逃げれるだけ逃げる。体を大事にしてくれ」と言い残して、行方をくらましていたことがわかった。

立ち回り先に捜査網が張られたが、しばらくして、容疑者は、以前の勤め先に現れたところを、待ち構えていた捜査員の一人によって逮捕された。逮捕してみると、男は、「バカを怒らせた罰だ」などと書いたメモを持ち歩いていたことも判明した。

この事件は、被害者のところで消火器販売のセールスをしていたその男が、同じく消火器販売のセールスをしていて亡くなった義父ともども、被害者一家から、二代にわたって搾取《さくしゅ》され圧迫されたと思い込んで、怨念から起こしたものだった。友人を誘って二人で、被害者の家族を次々に鉄の棒で殴るなどして殺害、そこへたまたま訪ねてきた国鉄職員まで撲殺した。友人は、金を取るのが目的で誘いに乗った。

この事件では、誘われた共犯者の友人も死刑になった。

江東区・バー「パリ」関係者連続殺人事件(昭和四九年)

江東区でバーを経営するママが愛人と共謀して、不仲になった夫を入浴中の一酸化炭素中毒に見せかけてガスで殺害、さらに、店のホステスの内縁の夫を保険金目的で殺害した。

保険金殺人のほうは、店で働くホステスから内縁の夫と別れたいと相談を受け、それならいっそのこと、殺害して保険金を山分けしようと提案して実行に移した。そのホステス、店のバーテン、自分の愛人と共謀して、睡眠薬を飲ませうえで相手の男性を絞殺した。

このケースでは、第一の事件(夫殺害)は、当初、警察では事故として処理していて、それから約三年半後に起きたのが、第二の事件（保険金殺人）だった。

第二の事件の捜査の過程で、第一の事件も殺人だったのではないかという疑いが浮上し、被疑者（バーのママ）が自白したため、遅まきながら殺人事件として起訴した次第だった。

ところが、このバーのママは、公判になってから、捜査段階での自供を翻し、第一の事件（夫殺害）は無実だと主張した。これは、事故か夫のガス自殺だと言い始めた。

しかし、この言い分は認められず、死刑判決が下されて確定、死刑囚となったバー「パリ」のママは、その後、獄中で病死した。

この第一の事件のように、いったん事故扱いして年月が経ってしまった事件をあらためて立件できるかは、微妙である。死体自体がなくなっているうえ、現場保存もされていないので、被疑者が自白したからといって立件できるとは限らない。

この事件の場合は、店のホステスが、自分が相談した際にママから「前に夫をガスで殺し、事故死にしたことがある。殺《や》るなら手を貸すよ」と言われたと述べていて、それが第一の事件（夫殺害）の殺人の認定を支えている。

ただし、これは、客観的証拠ではないうえ、一種の「コンフリクト」（利益相反）の関係にある証拠であり、問題がないわけではない（ホステスの前記の供述は、自分が第二の事件の首謀者でないことを示すための証言でもある）。

ピアノ騒音殺人事件（昭和四九年）

騒音過敏症の男が、階下のピアノの音にキレて幼い姉妹と母親を刺殺した事件。

この事件の犯人は、以前は、ステレオで音楽を聴くのが趣味だったが、「ステレオの音がうるさい」と注意されたのをきっかけに、逆に他人の出す音が気になり始め、ノイローゼ状態になっていた。

男の住んでいたのは県営団地（神奈川県平塚市）で、下の階に住む一家と、その長女（八歳）が弾くピアノの音をめぐってトラブルが絶えなかったが、ある朝、ピアノの音で起こされ、庖丁を持ち出して凶行に及んだ。

三菱重工ビル爆破事件（昭和四九年）

東京丸の内の三菱重工本社ビルが爆破され、八名が死亡、三七〇名以上が負傷した。爆発は平日の昼過ぎの時間帯で、昼休みにオフィス街を行きかうサラリーマンやＯＬの頭上に爆風で壊れたビルのガラスが降り注いだ。

この爆破の威力は、爆発音が新宿まで聞こえたと言われるほど物凄いものだった。

もともと、東京駅丸の内口から皇居外苑に向かう地所一帯は、三菱財閥が押さえていて、重工ビルや三菱商事本社ビルなどが立ち並び、近代日本の経済的発展と財閥支配の象徴とも言うべき場所となっている。

後に、「東アジア反日武装戦線」を名乗るグループから犯行声明が出された。

その後、連続して首都圏で起きた企業爆破事件（三井物産本社ビル、大成建設本社ビル、間組本社ビル、帝人研究所など）についても、このグループからの犯行声明が出された。

この事件では、同グループの二人について死刑判決が下されている。

また、この事件から一年半後には北海道庁爆破事件が起きている（死者二名、負傷者九五名）が、こちらの犯人にも死刑判決が下った。

これらの爆破事件では、高い殺傷能力を持つ爆弾を仕掛けている以上、殺意があることは明らかで、無差別殺人事件ということになる。

千葉・市原の両親殺害事件（昭和四九年）

二二歳の若者が、付き合っている風俗嬢との結婚を両親に反対されて、ふた親を登山ナイフでメッタ突きにして殺害した事件。

犯行後、両親の死体を河口から海に向けて投棄、その後、死体が海面に浮かんでいるのが発見され、事件が発覚する。

犯人の若者は、「父は母に殺され、母は第三者に殺された」と主張し続けたが、認められることはなく、死刑が確定している。

この事件をモデルに、小説では、中上健次『蛇淫』が書かれ、映画では、長谷川和彦監督「青春の殺人者」が撮られた。映画「青春の殺人者」の中では、ごく普通の若者の両親殺しの心理が一九七〇年代の東京郊外の地方都市の姿をバックに、当時の若者たちの心象風景とともに描かれている。

荒木虎美事件（昭和四九年）

別府の国際観光港で一台の車が埠頭から海中に突っ込み、自力で車内から脱出した男（荒木虎美）は助かったが、同乗していた男の妻、連れ子二人が溺死した事件。

男はテレビのワイドショーなどに出演して「事故」を力説したが、裁判では保険金目的の殺人と認定されて、一審、二審とも死刑判決を受けた（上告中に病死）。

このような形態の犯行の場合、肝心な点については状況証拠しかないのが常であり、また、厳密に言えば、自分だけが助かる可能性がどれだけあったのか、自分を除いたほかの者が死亡する確実性はどうかという問題もある。

ただ、車でそのまま海に飛び込むという行為は、現実的には、運転の過失か一家無理心中か保険金殺人かの三つぐらいしかなく、キーとなる状況証拠でそのいずれかに絞ることは、さほど困難ではない。これらは、ⓐ動機とⓑ工作の有無によって、おおまかには区別できるからである。そのうえで、ほかの状況証拠も見ていけば、「十分な」心証を取れることも少なくない。

この事件では、①男が死亡した家族に合計三億円を超える保険金をかけていた、その一二日後に事故が起きている、②妻との結婚に当たり、結婚相談所に「母子家庭の母親希望」と申し込んでいた、事故が起きたのは婚姻から三月後である、③結婚の少し前には、刑務所時代の仲間に、本件同様の事故で保険金を取得するというアイディアを話していた、④事故当時、車の底に設けられていたクリーニングのための水抜き栓五カ所がすべて開けられていた、車のルームミラーが固定式から着脱式のものに変えられていたことなどから、保険金目的と殺意が認定されたもの。

もちろん、犯人自身が車を運転していたことが有罪認定の前提となるが、この点は目撃者がいた。

大阪・寝屋川の若夫婦強殺事件（昭和五〇年）

新興団地に引っ越してきた新婚夫婦（夫二三歳、妻二二歳）が襲われた強盗殺人事件。

新婚夫婦の前にその部屋に住んでいた人がたまたま、タクシーに家の鍵を置き忘れたのが原因で、それを拾得したタクシー運転手が部屋に押し入り、引っ越してきていた夫婦を刺殺した。

東村山・警官強殺事件（昭和五一年）

都内東村山市の派出所で、立番巡査が殺害された事件。

犯人は、少し前に仕事を首になった男で、「交番の裏手に不審者がいる」と通報を装って話しかけ、派出所の裏の雑木林に巡査を誘い出し、後ろから鉄製の棒で殴りつけたうえ、ナイフで刺して殺害した。

動機は、判決によれば、「家族から内風呂のある家に住みたいとせがまれて」「その購入資金を捻出するためには、大物政治家の子弟を誘拐して身代金を奪うほかないと考え」「誘拐を成功させるためには拳銃を手に入れることが必要だと考えを廻らして」「立番巡査を襲って殺害し、その拳銃を奪うことを決意した」（東京地裁八王子支部昭和五二年一一月一八日判決）というわけのわからないものだった。

名古屋・日建土木事件（昭和五二年）

土木会社を経営する男が暴力団幹部の男と共謀して、保険金殺人を企て、会社の役員や従業員に合計三億円もの企業向け保険をかけ、うち一人を殺害した事件。

二人の共犯者のうち、暴力団の幹部の男には死刑が確定した。

他方、経営者の男には、一審、二審と死刑判決が下ったものの、最高裁で無期懲役にあらためられた（理由は、直接手を下していないのと、殺害された被害者が一人であることなど）。

長崎・雨宿り殺人事件（昭和五二年）

海の家に雨宿りさせてもらい、そこの一人暮らしの女性を強盗目的、婦女暴行目的で襲い、角材で殴って殺害した事件。犯行後、男は、奪った金で酒を飲んで泥酔し、路上に寝ていたため、警察に保護され、指紋照会で直前に起きた殺人事件の容疑者であることが発覚した。

この犯人には殺人の前科があって、その仮釈放中の事件だった。

男は、裁判の途中から、「雨宿りさせてもらってトイレを借りて出てきたら、見知らぬ男が立っていて家の中から逃げていった」という主張をし始めたが、認められず、死刑が確定、すでに執行されている。


茨城・日立の女子中学生誘拐殺人事件（昭和五三年）

鉄工所経営者が韓国人の水商売の女性にのめり込んで多額の借財をし、親戚の女子中学生の誘拐に走った事件。

被害者は、犯人を「誠にいちゃん」と呼んで慕っていた。

犯人の男は、下校途中の被害者を呼び止めて車に乗せると、頃合いを見てクロロホルムをかがせて意識を失わせ、首を絞めるなどして窒息死させ、草むらに遺棄。生きているように装って、多額の身代金を要求した。

熊本・農道の婦女暴行殺人事件(昭和五四年)

白昼、農道を歩いていて、一人で農作業をしている若い主婦を認め、婦女暴行しようとして抵抗され、メッタ刺しにして殺害した事件。

男は、裁判の途中から、「畑の中に血まみれで倒れていた女性を見つけ、助けようと近寄って体を揺すっただけだ」と主張し始めたが、認められず、死刑が確定している。

この犯人には、同じような事件の前科があり、それは、田んぼが広がる一帯で通勤途中の若い女性を認めるや、その女性を襲って金品を奪い、用水路に放り込んで殺害したというものだった。その刑の満期出所後三カ月で起こしたのが、今回の事件だった。

判決によれば、この男の生い立ちは、「もともと実父が誰かわからずに生まれ、幼いころに実母と死に別れ、育ての親に引き取られたが、その育ての親が属していたのは、サンカの名残をとどめる少数集団で」「これは、廃品回収などで生計を立て、河原に小屋を建てて居住し、外部の人々との接触を極力避けて暮らす特殊な集団であり」「被告人は、一応小学校に進学したものの、友達は皆無で欠席が多く、もっぱら犬などの動物を相手に遊んで暮らした」ということだった（熊本地裁八代支部昭和五七年六月一四日判決）。

福岡・小倉の資産家病院長バラバラ殺人事件（昭和五四年）

北九州小倉で大病院を経営し、地元の長者番付にも載るほどの資産家の院長が殺害、バラバラにされて海中に投棄された事件。

地元の釣り具店経営者とスナック経営者が、資産家院長が豪遊しているのに目を付け、院長から大金を奪おうとしたのが発端。

二人は、資産家院長に、「〇〇ルミ子（地元出身の有名な女性歌手）が福岡公演に来る。公演がはねた後、うちのスナックに寄る」などと偽りを言って、スナック経営者の店に呼び寄せ、猟銃を突き付けて脅したり、匕首《あいくち》で脇腹を突き刺したりして、その所持金約一〇〇万円を奪った。さらに、資産家院長が「傷が深いので帰してくれ」と哀願するのを無視して、家に電話させて二千万円を持ってくるように言わせて大金をせしめようとした（ホテルのフロントに貴重品として預けさせる方法で受け取りを画策したが、フロントで受け取りに失敗）。

その後は、院長を放置し、翌日、衰弱したところを寝袋に押し込んで絞殺、翌々日には死体をモーテルに搬入してバラバラに切断したうえ、小倉発松山行きフェリーに乗り込んで海中に投棄した（のちに死体の一部が漁師により発見される）。

この事件は、一人殺害の強盗殺人だったが、強盗殺人としても特に犯情が悪く、死刑判決が下された。

また、このケースでは、共犯二人の役割に軽重はつけられないとして、二人とも死刑になっている。

愛知・京都連続保険金殺人事件（昭和五四年）

運送業を営む男が、年長の元従業員と共謀して、顧客や別の従業員を保険金目的で相次いで殺害、さらには、闇金業者からの返済要求を免れるため、暴力団と繋がりのあった闇金業者まで殺害した事件（三人殺害、なお最後の殺人は闇金の返済を免れるための強盗殺人となる）。

この事件の場合、最後の闇金業者の遺族を除き、被害者感情が特別に寛大だったことで知られる。

二つの保険金殺人の被害者遺族が連名で犯人の減刑嘆願書を拘置所長宛提出し、さらに、うち一遺族は、死刑の中止を求めて法務大臣に直訴した（しかし、その後、犯人は死刑執行されている）。

富山・長野連続誘拐殺人事件（昭和五五年）

富山で女子高生が外出して戻らず、家に女の声で「娘さんを預かっている。相談したい」という電話があったきり、消息が途絶えた。

一〇日後、今度は、長野で信用金庫の女子職員（二〇歳）が勤め先から戻らず、自宅に女の声で身代金三千万円を要求する電話があったが、それきりになった。

その後、二人の女性は、絞殺死体となって見つかった。

これは、それぞれの行方不明地点付近（富山駅、長野駅）で目撃されていた「赤いフェアレディZに乗ったトンボメガネの女」の仕業で、最初の誘拐では、女子高生に「アルバイトをしないか」と言って声をかけ、自分が経営するギフトショップに連れて行き、その後、「帰る」と言い出した被害者を殺害。二番目の誘拐では、信用金庫の女子職員をドライブに誘い、すぐに殺害して身代金要求電話を掛けていた。

犯行動機は、ギフトショップの経営で生じた借金に窮してのことで、乗っていたフェアレディZも借金で購入したものだった。

この事件でも、第一の事件の被害者の母親が、死刑を望まないことを表明して話題を呼んだ。

その様子は、のちにテレビでも放送された（テレビ朝日「ザ・スクープ」、平成四年一二月五日放映）。

名古屋・女子大生誘拐殺人事件（昭和五五年）

名古屋市内で起きた名門女子大生（二二歳）を人質にした誘拐殺人事件。被害者は家庭教師の広告を新聞の告知欄に出したところ、依頼者を装った犯人に狙われ誘拐される。

被害者の家には、二〇回を超える執拗な身代金要求の電話があったが、実際には最初の電話の前に被害者は殺されていた。

この事件の犯人は、借金で首が回らなくなった寿司店経営の男で、被害者を誘拐するとほどなく殺害し、殺害後は、死体を木曾川に投棄した。

なお、これより約四カ月前、山梨県内で、別の身代金目的誘拐殺人事件が起きていた。

電気工事店経営の男が、店の借金に悩み、運動場でソフトボールをして子供たちと遊んでいるうちに、その場にいた五歳児（司ちゃん）の誘拐を思いつき、司ちゃんを誘拐すると、その日の夕方から三〇回にわたり家族に身代金要求電話を掛け続け、司ちゃんを二日後に絞殺した後も、執拗に身代金要求を繰り返した。

司ちゃんの遺体は、山梨の名勝、昇仙峡に遺棄されていた。

名古屋の事件では成人女性誘拐で死刑だったのに対し、山梨の幼児誘拐事件では、「死刑に慎重な最近の量刑の動向を考慮しなければならない」として、無期懲役の判決が確定した。

山梨の事件では、犯人の計画が場当たり的であること、犯人が着手前に一度司ちゃん誘拐を思い直していること、誘拐後丸二日は面倒を見ながら過ごし、殺害を躊躇《ためら》っていることなどが考慮された。

広域重要113号事件(昭和四七〜五八年)

消防士の勝田清孝が、名古屋、滋賀、京都、吹田、神戸などで、短銃や散弾銃を発砲するなどして、八人を殺害した事件で、実際には被害者は二二人に上るとも言われている。

勝田の犯行は、警察官を一一〇番で呼び出して車で轢《ひ》き、拳銃を奪って、その拳銃で気に食わない市民を射殺するなど、破天荒なものだった。

勝田は、発砲事件で全国指名手配「広域重要113号」に指定される前にも、深夜に水商売の女性を狙った強殺事件を繰り返しており、約一〇年の間に継続的に犯行を実行していた。しかし、これらの強殺事件では、勝田自身はすべて捜査対象外とされ、この間、夫婦でテレビのクイズ番組に出演するなど、何食わぬ顔で普通の市民として過ごしていた。消防士としても優秀で人命救助で表彰を受けたりしていた。犯行に銃を使うようになってからも五年以上逮捕を免れている。

「昼の顔」と「夜の顔」を完全に使い分けていたために、なかなか勝田にまで捜査の手が伸びなかった。

【第三期の死刑概観】

経済大国へと向かう安定成長期には、死刑判決の数は著しく減少していきます。

第三期は、一年あたり一ケタの確定者数で推移していました。一～三名の確定者しか出さない年も少なくありませんでした。

この時期には、強盗殺人や婦女暴行殺人でも、よほど悪質でない限り、一人殺害では死刑としないという傾向が現れてきます。

この流れは、保険金殺人や身代金目的誘拐殺人にも及んでいます。それまでは「一人殺害で死刑やむなし」とされがちだった身代金目的誘拐殺人においても、基本的な考え方は維持しつつも、事案の細部を分析して死刑回避の道を探る姿勢が見られます。

それ以外の殺人については、なおさらで、犯情の良くない殺人であっても一人殺害では死刑にはしないという傾向が完全に固まります。

少年犯罪については、二人殺害であっても死刑にしないという方向が現れてきます。そのため、少年死刑事件はほとんど姿を消すことになります。

4　バブル経済とその崩壊期——狂奔する犯罪現象と死刑

練馬一家五人殺害事件(昭和五八年)

この事件の被告人は、不動産鑑定士として成功し、都内の閑静な住宅地に居を構え、愛妻や大学生の子供、妻の母親などとともに家族円満に暮らしていたが、裁判所の競売物件に手を出したことで、凄惨な事件を引き起こすことになった。

当時、競売物件は、「占有屋」などが不当に物件に居座るなどして、事情通の間では要注意とされていた。この状況は、裁判所内部でも問題視されていたが、そういうことを知らない被告人は、銀行から多額の借金をして練馬区の大きな競売物件を落札した。その物件の転売先もすでに決まり、不動産鑑定士の被告人には、借入金の金利などを差し引いても、計算上はかなりの利益が入るはずだった。ところが……。

その物件に居住していたのは、占有屋ではなく、ちゃんとしたサラリーマンの一家だったが、引渡しを強硬に拒み、居座り続ける。そのサラリーマンは、物件の所有者である義父から家を賃借したように証書を整え、当初から居座りを決め込んでいたのだった。

被告人が銀行に支払わなければならない借金の金利は一カ月で一〇〇万円に上り、ただ多額の金利だけを空しく支払い続けるという状況に陥る。

そのうちに、転売先への引渡し期限も迫って来る。引渡し期限を過ぎれば、転売先の不動産業者にも多額の違約金を払わなければならない。

居ても立っても居られない被告人は、居座りを続けるサラリーマンに再三引渡しを求めるが、相手にされず、最後に直談判に家に上がろうとしたら「不法侵入で警察に通報する」などと言われる始末。

転売先への引渡し期限の三日前、不動産鑑定士は鉞《まさかり》を持って練馬のその家に赴き、子供三人を含む一家五人を惨殺するに及んだ。生き残ったのは、たまたまその日林間学校に行っていた小学生の長女だけだった。

北海道・夕張の炭鉱作業員保険金殺人事件(昭和五九年)

夕張炭鉱で、作業員を手配する会社の夫婦が、作業員宿舎に放火し、六人が焼死、夫婦は一億三千万円余りの保険金を受け取った事件。

犯人夫婦は作業員の一人に命じて放火させ、自分たちは二人で近くの店に飲みに出てアリバイ工作をしていた。実行犯の作業員が、口封じに自分も消されるのではないかという不安から、三カ月ほどのちに警察に名乗り出て、犯行が明らかとなった。

三年前（昭和五六年）の「北炭夕張事故」（死者九三人）で配下の作業員が犠牲となり、この夫婦のもとには期せずして億という金額の保険金が転がり込んでいたが、これに味をしめてのことだった。

前の保険金は、家の新築、外車の購入、海外旅行などで使い果たし、次の犯罪で得た保険金も、逮捕される前にすでに一億円を湯水のごとく使っていた。

犯人の夫婦は、自分たちが計画していたのは作業員宿舎に放火して火災保険を受け取ることだけで、殺人までは考えていなかったと主張した。指示のニュアンスが問題となるうえ、見方によっては、火災保険を受け取るだけでも目的を達成できないわけではなく、行為自体からはいずれとも判別できないので微妙なところもあった。

裁判では、実行犯が殺意を認めていたことや寝静まったところで火をつけさせていることなどから、夫婦にも殺人の未必《みひつ》の故意あり、とされた。

二人ともに死刑判決が下り、確定、すでに執行されている。

京都・元警察官の警官殺し事件（昭和五九年）

京都府下の公園をパトロールしていた巡査が、突然、刃物を持った男に襲われ、何度も切りつけられたうえ、拳銃を奪われ、その奪われた拳銃で撃たれて殺害された。

犯人は、京都府警に一四年間勤めた元警察官だった。元警察官の警官殺しというのは、外国でも珍しい。

そのうえ、この犯人は、パトロール巡査を殺害して拳銃を奪ったその足で、さらに、大阪・京橋駅前のサラ金に押し入り、男性従業員を射殺して現金を強奪した。

山中湖・元警察官の連続強盗殺人事件（昭和五九年）

こちらは警視庁に二二年間勤めた元警察官の犯行だった。

元警察官は、知人二人と共謀して、宝石商の男性を山中湖の空き別荘におびき出して殺害、現金や貴金属類を奪った。

さらに、二週間後、上尾の金融業の女性を土地を見に行くと偽って誘い出し、車内で気絶させて山中湖まで運び、空き別荘で被害者を絞殺して現金や預金通帳を奪った。

犯人は、警視庁を辞めて、四千万円の借金をして、いきなり新宿に割烹料理店を開業、当時は、その運転資金などを含め一億五千万円を超える借金を抱えていた。

この元警視庁警察官には死刑が確定しているが、共犯者の一人にも死刑判決が下って確定している。

江東区・小学一年生誘拐殺人事件（昭和六一年）

江東区深川で書店を経営する家の小学一年生（裕士《ひろし》ちゃん）が遊びに出たまま行方不明となり、夕方になって、家族に多額の身代金を要求する電話があった。

その日の夜中、身代金の受け渡しが行われたが、その際に犯人逮捕に至った。

しかし、誘拐犯は、裕士ちゃんを誘拐するとすぐに殺害していて、裕士ちゃんは深川の富岡八幡宮そばの側溝から死体となって見つかった。

この事件の犯人は、以前、被害者の家の近くに住んでいた男で、その日は、カブトムシの幼虫を見せて裕士ちゃんの気を引き、幼虫を土の中に埋めに行こうと言って、富岡八幡宮の境内まで連れ出し、石で頭を殴りつけて殺害していた。

この犯人の男は、越谷市の借家に住んでいたが、追い立てを受け、引っ越し費用に困っての犯行だった。

高知・室戸の還暦スナックママの連続保険金殺人事件（昭和六二年）

スナックを経営する六〇歳の女性が、妹などと共謀して、自分の夫を保険金目的で殺害し、転倒事故に見せかけて五〇〇〇万円を受け取り、さらにスナックの女性従業員を殺害し、交通事故に見せかけて保険金を騙し取ろうとした事件。

最初の犯行（夫殺し）は、犯人の女性が夫と結婚してからわずか三カ月ほどで引き起こされたもので、はじめから保険金殺人目的の婚姻だったと見られる。

熊本・玉名の大学生誘拐殺人事件（昭和六二年）

この事件は、小学校時代の同級生が資産家の息子であることに目を付け、犯人が悪友三人を誘って企てた犯行。四人がかりで殺害し、父親に多額の身代金を要求した。

被害者である私立大学生に、旧交を温めると称して大勢でドライブに行くと見せかけ、被害者を人気《ひとけ》のない山中の資材置き場に連れ出し、いきなり、そこにあった一升瓶で後頭部を殴りつけた。被害者がひっくり返ると、四人で重量のあるコンクリート・ブロックを頭めがけて投げ落として殺害した。

大阪・コスモリサーチ社長殺人事件（昭和六三年）

投資顧問をしていた男が暴力団関係者二名と共謀して、投資会社コスモリサーチ社のオーナーを殺害して一億円を奪った事件。同時に同社の社員一人も殺害した。

犯人三名は、待ち伏せのうえ、コスモリサーチ社から仕事を終えて出てきた社員を拉致して車内に押し込み、会社オーナーの自宅を聞き出すと、その自宅へ車を走らせてオーナーも拉致、二人を監禁した。

それから、オーナーに会社へ電話させて「株取引のための資金」と称して現金で一億円持参するように言わせた。持って来させる場所としてファミリーレストランの駐車場を指定、会社オーナーの指示に従って社員が現金を持って来ると、今度は車をファミレスの駐車場に置いて帰るように指示させて、まんまと現金一億円を手にした。

被害者のコスモリサーチ社のオーナーは、大阪・北浜では、一度に一千億円を動かす相場師として有名だった。

その後、犯人たちは監禁した二人を絞殺、コンクリート詰めにしてゴルフ場造成地に埋めた。

この事件では、一審で犯人三名全員に死刑判決が下ったが、二審では、共犯のうちの暴力団関係者一人は無期懲役となった（ほかの二名は、死刑確定）。

ところで、この種の形態の事件は、身代金目的誘拐殺人に近いものがあるが、法律上はそうはならず、強盗殺人として処理される。被害者に危害を加えることを示して金銭要求が行われたわけではないため、その金は「身代金」とは言えないからである（金を持って行った社員にしても、会社オーナーに株取引の資金を命じられたから持参したまでということになる）。

これに対して、会社オーナーに「自分の身が危ないから一億円持って来てくれ」と言わせた場合は、自分に代わって被害者に身代金要求をさせたものにほかならず、身代金目的誘拐殺人となる。もっとも、悪質性という点では、どちらも径庭はない。

熊本・暴力団組長の組員保険金殺人事件（昭和六三年）

元暴力団組長が、保険金一億円を取得する目的で組員を崖から突き落として殺害し、その犯行の発覚を恐れて、さらに組員二人を殺害して山中に埋めたもの。

犯行自体も、元組員ら三名に命じてやらせていた。

この元暴力団組長に対する判決は、一審は無期懲役だったが、二審で死刑となり、確定。すでに執行されている。

三人殺害の事案であるにもかかわらず、一審判決が、死刑ではなく無期としたのは、この犯行が暴力団内部にとどまるものだったことによる。

神奈川・鶴見の金融業夫妻強殺事件（昭和六三年）

鶴見の街中で金融業を営む年配の男性とその妻が、事務所奥の部屋で血を流して殺されているのが発見された。発見されたのは昼過ぎのことで、被害者は、その日の午前中に銀行から一二〇〇万円を引き出していたことが口座記録から判明した。が、被害者宅には、それと見られる現金はなかった。

被害者夫婦は、ある男から資金融資を頼まれていて、当日の午前一一時ごろには、その男が融資の件で訪ねてくる予定が入っていた。

警察は、この男を犯人として逮捕した。男は、当時自分が経営する電気工事店の資金繰りに困っていて、当日の午前一一時ごろに被害者宅を訪れたことを認めた。ただし、訪れた時には、夫妻はすでに血を流して死んでいて、自分はビニール袋に入った現金一二〇〇万円を見つけて出来心で取ってしまった、盗みをして逃げただけだと弁解した。自分の事業が苦しかったので、つい魔が差したと述べた。

検察の事件に対する見方は、この男が、被害者の金融業者に架空の条件の良い借り手の話をして一二〇〇万円を用意させ、そのうえで、当日夫婦を殺害して現金を奪って逃げたものにほかならないという考えだった。

裁判では、検察の見方どおり、この電気工事業の男は強盗殺人犯と判断され、死刑判決が言い渡された（確定）。

犯行時刻と近接する時間帯に犯行現場から大金を持って逃げている場合に、「取って逃げただけだ」「殺人犯は別にいる」と言っても、通常は裁判では通用しない。現場にある大金をそのままにしていく「別の」殺人犯がいるとは、まず考えられないからである。物取りの場合はもちろん、たとえほかの理由による殺人だったとしても、殺人まで犯した者が目の前の大金をわざわざ取らずに遁走するというのは、通常あり得べからざることである。ただ、それは、大金が一見してそれとわかる場合のことで、札束が白いビニール袋に入れられていたとすれば、そのままは当てはまらない。

そのため、被告人のような言い分も何ほどか問題となるわけである。

栃木・妻と知人連続殺人事件（昭和六三年）

傷害事件で逮捕された男が、妻と知人を自分の祖父の家の近くに埋めていたことが、男の父親の供述により判明した。

男の周辺では、八年前に妻が小山市の実家を出たきり行方不明になっていた。妻は男の暴力に耐えられなくなって実家に戻っていたという事情があった。七年前には同市内で男の知人がやはり行方不明になっていた。これらの状況を不審に思った警察が、失踪事件を捜査した結果、得られた供述だった。

父親が供述した場所からは、実際に、男の妻の遺骨が発見された（知人の遺骨は未発見）。

この男は、遺体を埋めたことは認めたが、二人とも急に具合が悪くなって死亡したので死体を埋めただけだと主張した。つまり、犯人には違いなくとも、殺人犯ではなく、死体遺棄罪になるだけだという主張である。

しかし、裁判では、男は連続殺人犯にほかならないと判断され、死刑判決が言い渡された（確定）。

死体を埋めたことが間違いない事実となった場合、埋めた者が殺人犯か単なる死体遺棄の犯人かは、自ずと判明することが多い。

死体の状況を手掛かりにして捜査を進めることで明らかになるのが通例である。たとえば、射殺であれば、死体に残った銃弾と同口径の拳銃を容疑者が所持しているか（もし拳銃がすでに処分されている場合であれば、過去にそのような拳銃を入手したことがあるか）、毒殺であれば、死体から検出された毒物と同じ成分のものを所持しているか（あるいは所持していないまでも過去に入手歴があるか）、刺殺であれば、容疑者の周辺から押収された凶器の付着物が被害者のＤＮＡと一致するか（洗い流されたりして付着物がない場合は、死体の傷口と凶器が符合するか）など。

けれども、本件のように、死体が埋められたのが七年も八年も前のこととなると、それが他殺死体かどうかも判別できかねるので、被告人のような言い分も問題になる余地があるわけである。

宮崎勤事件（昭和六三年～平成元年）

東京、埼玉にまたがる幼女連続誘拐殺人事件。四歳から七歳の幼女四人が犠牲になった。犯人の宮崎勤は、もともと対人関係をうまく築けない内向的な性格で、二年ほど前には勤めを辞め、当時は自宅で引きこもりの生活を送っていた。

犯行後は、被害者宅に遺骨を入れたダンボールを置いたり、犯行声明ともとれる手紙を遺族やマスコミに繰り返し送りつけるなどしていた。

宮崎の部屋からはコレクションされていた大量のビデオテープが押収されたが、その中には、宮崎自身が撮った被害者のビデオがあった。

この事件の後、「オタク」という言葉が定着し、その言葉に表される人々の生活ぶりや生き方が社会現象となり、その意味で、この宮崎勤事件は時代の象徴と言われることになった。

練馬・警官二人強殺事件（平成元年）

練馬区の中村橋派出所で、明け方、警察官二人が刺殺された。

警察官が複数殺害されるというのは、戦後、過激派事件以外にはなかったことである。場所も、池袋に近い西武線の住宅密集地であり、事件が知れるや厳戒態勢が取られた。

その緊迫した状況の中で、「警官殺しを祝す」という犯行声明らしきものも送られて来る。

ところが、この事件の犯人は、過激派でも左翼でもなく、購入した大型バイクのローンの返済に窮した二〇歳の若者だった。

この若者は、大金を奪って「いい生活」をするために現金輸送車を襲うことを思いつき、そのためには拳銃が必要だと考え、派出所の警察官から拳銃を奪おうとサバイバルナイフを持って中村橋派出所に赴き、立番巡査とパトロールから戻ってきたもう一人の巡査を刺殺したのだった。

この男が最初に立番巡査に切りかかったときには、必死に抵抗する巡査と取っ組み合いになっていて、丁度そこへ戻ってきた別の巡査も加勢に駆けつけたが、男はひるまず、鋭利なサバイバルナイフで警官を二人とも刺し殺した。

犯人のこの猛者《もさ》は、元自衛隊員だった。

八戸・家族五人殺害事件(平成元年)

稼ぎが悪く酒ばかり飲んでいることで妻に離婚されそうになった男が、妻と子供四人を次々に刺殺した事件。飲酒して明け方近くに目を覚まし、発作的に家族皆殺しの行動を起こした。

この事件の犯人は、自分以外の家族を皆殺しにした後も、酒を飲んで寝込んでしまい、翌日になってロープを持ち出して鉄橋の下に行き、首を吊ることを考えたがすぐに中止し、また、刃物で手首を切って死のうとも考えたが、刃物を持ち出しただけで止め、警察に自首した。

裁判では、一審は無期懲役だったが、二審は死刑判決となった。

このような事件では、いわゆる一家無理心中と見られるか、それとも、自殺の意思は弱く、一家無理心中とは区別されるか（妻子を私物視した身勝手な犯行と見るべきか）で結論が分かれることになる。

福岡・田川の心中偽装保険金殺人事件（平成二年）

年も押し詰まった一二月二八日に、駐車場で微妙に焼け焦げた車が発見された。車内からは二人の男女の遺体が出てきた。車はその男のもので、「誘ったらバカにされた。死ぬ」という遺書が見つかった。

遺体には刺し傷があったが、警察では、当初、男が女を道連れに無理心中したと見て処理していた。

ところが、この男女の身元や交友関係を調べてみても、どこにも接点がなかった。そして、女性のほうに一億円の生命保険がかけられていたことが判明した。女性の勤め先の宝石店の経営者がかけていた保険だった。

この事件は、古美術商の男と宝石店経営の女が共謀して、行きずりの無職男性と従業員の女性を保険金目的で刺殺し、無理心中に見せかけようとしたものだった。刺殺した後は、死体を無職男性の車に乗せて適度にガソリンをかけて火を放ち、遺書を細工していた。無職男性というのは、犯人の女のほうがテレホンクラブを通じて釣り上げた人物だった。

この事件では、古美術商の男には死刑判決が言い渡されて確定、すでに執行されている（宝石店経営の女は無期懲役）。

広域・スナックママ連続殺人事件（平成三～四年）

平成三年一〇月に鳥取刑務所を出所した男が、その年の一二月中に連続して四件起こしたスナックママばかりを狙った連続殺人事件。

最初は姫路で、その九日後には松江で、さらに五日後には京都で、その二日後には同じ京都で、ごく短期間に起きた刺殺事件。殺人の間隔も短くなっている。

被害者は、みな四〇代、五〇代で、女性経営者が一人でこぢんまりとやっている店が狙われた。

この事件の犯人には殺人の前科があったが、それもやはりスナックママ殺しだった。

都立広尾病院医師生き埋め殺人事件（平成四年）

貿易会社の社長が、社員や土木作業員ら三名を引き込んで、都立広尾病院の医師から資産を奪おうとしたもの。

広尾病院の医師だけでなく、その医師の財産管理をする男性も殺害した。二人目の被害男性は、犯人たちが広尾病院の医師の資産の全容を把握しようとしたことで犠牲となった。犯人四人は、まず、その男性を自宅駐車場から拉致して監禁、医師を呼び出させて、拳銃で脅すなどして二人に睡眠薬を飲ませ、栃木県内の山中で生き埋めにした。

被害に遭った都立広尾病院の医師は、不動産取引だけで一二億円もの利益を得ていた。

主犯格の貿易会社社長には数億円の借金があった。この貿易会社社長には死刑判決が下り、確定している。

千葉・市川の一家四人強殺事件（平成四年）――少年死刑事件

一九歳の少年が、たまたま通りかかった女子高生に対して婦女暴行に及び、その後、その女子高生の家に白昼、強盗に入った挙句、家族四人（少女の両親、妹、祖母）を殺害したという事件。被害者の一家からすれば、悪夢のような犯行だった。

最初の婦女暴行の件も、自転車に乗った女子高生を見かけて車でわざと追突し、刃物で脅してアパートに連れ込むという悪質なものだった。その際に、少女の生徒手帳を取り上げて住所を控えており、その後、少女の家に強盗に入り、惨劇を繰り広げた。

大阪・愛犬家連続殺人事件（平成四〜五年）

シェパードなどの犬の訓練所をめぐる金銭トラブルなどで、出資者の主婦など五人を連続して殺害した事件。殺害には、犬の安楽死用の筋弛緩剤が用いられた。

犯人は、知り合いの獣医のもとに出入りするうちに、犬の安楽死のための筋弛緩剤について知識を得るようになり、口実を設けてその獣医から筋弛緩剤を譲り受けていた。

無計画に犬の訓練所の事業に乗り出したことで金銭的な問題を抱え、投資してくれた人や未払い金の相手などを次々に殺害していった。

広域・強盗団連続強殺事件（平成五年）

マレーシア国籍の男を含む強盗団が、手引き役、見張り役などの役割分担を定め、関東と関西など地域を決めて組織的に強盗を行っていたことが判明した。

この強盗団のうち、都内足立区のマンション経営者強殺事件、高崎市のゲーム喫茶経営者強殺事件、滋賀県の金融業者強殺事件に関与した二人に死刑判決が下され、確定している。

埼玉・愛犬家連続殺人事件（平成五〜六年）

ペットショップ経営者夫妻が、犬の繁殖の事業に乗り出し、そのために一億五〇〇〇万円近い借金を抱え、それに絡んで、繁殖用の犬の取引相手など四人を殺害した事件。

殺害には、犬の殺処分用の「硝酸ストリキニーネ」（脊髄中枢に作用し、激しい痙攣《けいれん》や急激な呼吸困難などをもたらす猛毒物質）が用いられた。

犯人二人は、さして価値のない犬のつがいを一〇〇〇万円で売りつけたことでトラブルとなった会社経営者にストリキニーネ入りのカプセルを飲ませて殺害。その殺人に勘づき、夫婦をゆすろうとした暴力団幹部の男を、先手を打って、同様の手口で殺害。その際、暴力団幹部の運転手も殺害した。

さらに、夫婦のうち、夫のほうは、不倫関係にあった中年の女性から有り金一二〇〇万円を全部巻き上げた後、ストリキニーネを用いて同女を殺害した。

二人ともに死刑が確定。

広域・リンチ殺人事件（平成六年）——少年死刑事件

少年三人（一九歳、一九歳、一八歳）が、通りすがりの者や知人などに対して因縁をつけ、凄絶なリンチを行って次々に殺害していった事件。地域は、大阪、愛知、岐阜にまたがり、被害者は四人に上る。加害者側には、主犯格の三人のほかに少女を含む少年たち多数が加担していた。

動機は、集団心理的なものと見られるが、三人は暴力団事務所をたまり場にするなどしていて、根深い凶悪性が窺える。

裁判では三人全員に対して死刑判決が下った（確定）。

三重・四日市の元暴力団組員ら殺害事件（平成六～七年）

元会社役員と建設作業員の二人の男が、元暴力団の組員や古美術商を殺害した事件。

この二人の男は、もとはと言えば、一番目の被害者となった元暴力団員と一緒に強盗などをしていた。ところが、そのうち、この元暴力団員が二人に対して何かと大きな顔をし始めた。それを腹立たしく思った二人が、口封じも兼ねて元暴力団員を殺害したというのが最初の事件になる。自宅マンションに元暴力団員を誘い込むと、代わるがわる、アイスピックで首を突き刺し、さらには紐で首を絞め上げて惨殺した。

二件目は、古美術商から現金を奪うための一般市民に対する強盗殺人だった。

【第四期の死刑概観】

この時期には、バブル経済のもと、地価が異常高騰を続け、国民生活が膨張・拡散し続ける中、市民の経済感覚も次第に麻痺し、それと連動する形で、犯罪現象も一種の狂奔状態を呈してきます。

何億円という巨額の利益を対象とする犯罪が多くなり、死刑事件の犯人像、被害者像にも、従来とは異なったものが現れてきます。長年勤続の（元）警察官が犯人として死刑囚になったり、暴力団関係者が凶悪事件の被害者になったり、それまで見られなかった現象が出てきています。死刑確定者の数も、バブル最盛期には、一年あたり一〇名水準に戻る年がありました。

けれども、裁判においては、このような犯罪現象に対して厳罰化で対処しようという動きはなく、第三期（経済安定成長期）の流れが変わることはありませんでした。一人殺害では死刑にはしないという傾向が維持されます。

少年犯罪については、二人殺害であっても死刑にしないという方向が固まります。それは、名古屋のアベック殺人事件（昭和六三年）を見るとよくわかります。

この事件は、少年三人、少女二人を含む被告人六名が、野外のカップルを狙って金品を強奪する「アベック狩り」をしていたところ、一組のカップルが逃げようとして車を発進させ、被告人らの車に接触し車を破損したことから、全員がさらに凶暴化し、被害者のカップルを殺害したというもので、殺害に至るまでにも、被害者二人に対して執拗にリンチや陵辱《りょうじょく》を加えていました。少年の中には広域暴力団の準構成員だった者もいて、極めて犯情の悪い事件でした。

それでも、この事件では、誰も死刑になることはありませんでした（一審では、主犯格の少年一人に対して死刑判決が下されましたが、二審で取り消されて、結局、無期懲役になっています）。

5 オウム真理教事件以降――再び増加する死刑判決

オウム真理教事件(平成元～七年)

昭和の終わりごろから平成七年までに、オウム真理教によって引き起こされた一連の殺人、監禁致死などの事件では、被害を受けて死亡した者は二七人、負傷者は約六〇〇〇人に上り、片や、起訴された教団関係者は一八〇人を超え、教祖を含めた一三人に死刑判決が下った。

ここで取り上げるのは、教団教祖に対する死刑判決。

この一連の事件の中心をなすのは、平成元年に起きた坂本弁護士一家殺害事件、平成六年の松本サリン事件、平成七年の地下鉄サリン事件で、いずれの事件においても、教祖自身が殺人の実行に加わったわけではなく、教祖が命令や指示をしたかどうかが問題となった。

このように、命令、指示、共謀などが問題となるのは、オウム真理教事件に限らず、組織犯罪に広く見られる(ほかに、暴力団、過激派集団など)。

ところが、命令、指示、共謀などという事柄は、言葉だけで済まそうと思えばそれで済んでしまうもので、客観的痕跡を残さないことが多い。そのため、客観的証拠を軸に考える通常の手法がそのまま通用しないという問題がある。

先に挙げたオウム真理教の主要三事件の裁判では、いずれも、共犯者の供述（実行者や元信者の証言）を柱に、教祖の命令や指示を認め、有罪の判断が導かれている。

教祖自身から「今ポアしないといけない人物は誰だと思う？」「サリンを撒いて、効くかどうか試してみろ」「サリン造れよ」「お前ら、やる気ないみたいだな。どうだ？」「じゃあ、任せる」等々の発言があったことが、元信者の共犯者たちから得られていた。

大阪・西成のカマちゃん連続殺人事件（昭和六〇年〜平成六年）

これは、大阪あいりん地区の労務者が起こした連続殺人で、犠牲者は女性ばかり五人。その中には小学三年生の女の子も含まれていた。

小学生の女の子を除く成人女性四人はすべてバラバラにされていて、稀に見る凶悪事件と言えるが、この事件が発覚したのはオウムの地下鉄サリン事件直後のことで、サリン事件に隠れる形になった。

犯人は、そこで「カマちゃん」と呼ばれて親しまれていた初老の男性だった。カマちゃんは、故郷を後にして西成で生活すること二〇年、中古衣類などの販売を生業としていたが、盗品を付近の飲食店の女性たちに投げ売りしていて人気があった。風貌も、はちきれんばかりに太っていて愛嬌があった。

　そのため、女性たちも警戒感を持たず、次々にカマちゃんの犠牲になっていった。小学生の女の子も、カマちゃんに道を尋ねられて、アパートまでついて行ってしまい、被害に遭った。

広島・タクシー運転手の連続殺人事件（平成八年）

広島市の繁華街で営業するタクシー運転手が起こした連続殺人で、犠牲者は女性四人。

新宿・歌舞伎町が東日本一の繁華街なら、西日本一の繁華街は広島・流川《ながれがわ》である。

広島市街の真ん中に位置する流川では、夕方ともなれば無数のクラブの明かりがビルの全館を彩り、勤め帰りの男たちがネオンの洪水にさざ波のように吸い寄せられていく。あの「仁義なき戦い」の舞台にもなった。

　この事件は、その繁華街を流すタクシー運転手が夜の街の女性に声をかけて、「代金」を払わずに、殺害して逆に金を奪っていったもの。

　犯人の男は、資産家の家に生まれ、学生時代は成績優秀、スポーツ万能で、女生徒の人気も高かったが、国立大学の入試に失敗したことで投げやりになり、屈折していった。それでも、結婚を機に、家も買い、子供も生まれて、一時は精神的に立ち直ったが、妻が精神病を発病して家庭生活が崩壊し、一気に坂道を転がり落ちていった。

江東区・逆恨みによる被害届女性殺害事件（平成九年）

婦女暴行を働いておきながら、その被害者が警察に被害届を出したのを逆恨みして殺害した事件。

この事件の前件となるのは、男が、冬の深夜に仕事帰りの女性を呼びとめて、屋外で首を絞めて失神させたうえ婦女暴行に及び、気を失っている被害者から身の回りの金品を奪い、半裸の被害者を放置して立ち去ったというもので、その後、この男は、これをネタにして被害者に金員を要求するなどしたため、被害者が意を決して警察に届け出たという経緯があった。結局、男はこれにより懲役七年の刑に処せられ、服役することになった。

出所後、翌日から被害者を捜し回り、ついに被害者の住居を捜し出して、逆恨みの殺害を実行する。

一審の東京地裁では被告人は無期懲役、しかし、控訴審の東京高裁では死刑となり、最高裁でも同様で、死刑が確定した。

本件は、被害者一人の単純殺人であるが、一人の被害者を繰り返し痛めつけるという特異な悪質性（一種の犯行の執拗性）が窺えるところから、死刑が選択されたものと見られる。

北九州・同居家族ら連続監禁殺害事件（平成八〜一〇年）

男女二人が、同居する家族（女の親族）など六人を殺害し、そのほか一人を傷害致死で死亡させた事件。

事件は、この男女に監禁されていた少女が逃げ出してきて明るみに出た。

犯行から相当の時間が経っていて、痕跡が残っていなかったため、有罪立証は、逃げ出してきた少女の証言を軸に行われた。もし、その少女の証言がしっかりしたものでなければ、立件されなかった可能性もある。

裁判では、一審で犯人の男女二人に対して死刑判決が下ったが、二審で、女のほうだけ無期懲役に改められた。男に引きずられての犯行という見方だったが、六人殺害の事案で無期懲役は異例（なお、二人とも、現在上告審で審理中）。

福岡・久留米の看護師仲間（主婦たち）の夫殺害事件（平成一〇年）

看護学校の同級生だった女たち四人が、その夫たちを殺害していった事件（二人殺害）。

この犯人たちは、久留米市の同じマンションに住んでいた。いずれの犯行も保険金目的で、手口は看護師としての知識を悪用した巧妙なものだった。保険金七〇〇〇万円近くを手にしていた。

四人のうち、一番下っ端と見られる女性の自首により事件が発覚した。

主犯格の看護師には死刑判決が下されている（確定）。

和歌山・毒入りカレー事件（平成一〇年）

和歌山市の住宅街の夏祭り会場で配られたカレーを食べた住民たちが苦しみ始め、四人が死亡、六〇人を超える住民が病院に運ばれることになったセンセーショナルな事件。原因はヒ素中毒と判明した。

容疑者とされた主婦に対して過激な報道合戦が繰り広げられ、連日ワイドショーや週刊誌を賑わした。

主婦は、捜査でも一審の裁判でも黙秘を貫いたが、死刑判決が下され、確定している。

この事件の場合、犯人とされた主婦には、過去に多額の保険金詐欺の疑惑があったが、カレー事件と直接結び付くものではなく、明確な動機があったわけではない。犯行の背景や犯意形成のきっかけなども明らかではなく、裁判を通じて、事件の全体像が解明されたとは到底言えなかった。

けれども、この事件の場合、検出されたヒ素（亜ヒ酸）と主婦の周辺から押収されたヒ素とが、同時期に同一工場で精製されたものであることが科学的な鑑定により明らかにされていた。「スプリング・エイト」と呼ばれる超高性能の大型放射光解析器により、このような高度の絞り込みが行われていた。

つまり、毒殺事件として見た場合、客観的な絞り込み証拠としては、高度なものがあったわけである。

一般に、毒殺は密かに行われるため、犯行（毒を入れるところ）が直接目撃されることはまずないし、「血を見る」ことがない殺害方法なので、物理的な力を加える場合（強力犯《ごうりきはん》）のような痕跡も残らない。そのような犯行の特徴から、毒殺事件では、用いられた毒物からどれだけ客観的な絞り込みを行えるかが重要になる。

長崎・保険金目的の夫と子供殺害事件（平成一〇年）

不倫相手の男と共謀して、自分の夫や、さらには子供まで保険金目的で殺害した事件。犯人の男女の役割は、次のとおりだった。夫に睡眠薬を飲ませた女は、眠っている夫を男と二人で漁港内の岸壁に車で運び、男が海に投げ込んで溺死させた。誤って海に落ちたということにして、一億円近い保険金を得た。さらに、同じ手口で次男を海に投げ込み、釣りに来て子供がいなくなったように装い、女が警察に事故として届け出て保険金を取ろうとしたが、遺体の状況から不審を抱かれて、一連の行状が発覚した。

裁判では、一審は二人とも死刑判決。しかし、二審では、女は無期懲役に改められ、男のほうだけ死刑になった（確定）。

この事件の場合、男が主犯で女はそれに引きずられたとは言い難い。女は、次男殺害の際には、海から這い上がろうとした次男の頭を岸壁で押さえつけるということもしていた。にもかかわらず、女のほうだけが死刑にならなかったのは、被害感情が関係している。

この種の事件、つまり「情夫と共謀しての夫殺し、子殺し」では、被害者遺族の被害感情は、いきおい、男（情夫）に対しては「死刑にしてほしい」、女（自分たちの母親）に対しては「絶対に死刑にはしないでほしい」となることが多い。

本件でも、被害者遺族の立場になる長男やそのほかの親族の法廷での意見陳述は、同様の経過を辿った。

埼玉・本庄の保険金殺人事件（平成七〜一一年）

本庄市でスナック経営や金融業をしている男の周辺で、不審死が相次ぎ、保険金殺人の疑惑が浮上した事件。

この事件も、連日ワイドショーや週刊誌で取り上げられた。疑惑をかけられた男自身も、自分の経営するスナックで、数カ月にわたって毎晩のようにマスコミを集めては有料の記者会見を開き、一層騒ぎが大きくなった。

疑惑は、男の経営するスナックの関係者が一人は急死し、もう一人は薬物中毒と思われる症状で入院し、この二人が従業員女性と偽装結婚させられていたことから火がついた。疑惑を遡ると、さらにその前に偽装結婚させられていた者もいて、この偽装結婚の相手も四年ほど前に死亡していた。これは水死として扱われ、三億円以上の保険金が支払われていた。

しかし、直接の疑惑である急死の遺体からは毒物は何も検出されなかった。中毒と思われる症状で入院したもう一人の男性からも、なぜか毒物は検出されなかった。

毒殺事件では、用いられた毒物の種類から客観的に犯人の絞り込みをしていくことが重要である。その毒物が全く検出されないため、立件は難航を極めた。

警察は、アセトアミノフェンを含む風邪薬とアルコールを大量に服用すると、死亡の危険がある肝機能障害を起こすことを突き止めていたが、それだけでは十分ではなかった（客観的な絞り込みの効果があまりないうえ、殺意の立証ができない）。

結局、この事件では、共犯者である従業員女性の供述に頼って有罪立証を行うことになった。裁判でも、主に、共犯者である従業員女性の供述によって、男の有罪を認定している。このケースでは共犯者の供述の信用性が十分に高いという判断だった（なお、最初の水死事件もあらためて殺人と認定されたが、この遺体からはトリカブト毒が検出されている）。

池袋・通り魔殺人事件（平成一一年）

平日の昼前に池袋東口のサンシャインビル前で起こった通り魔無差別殺人事件。買い物帰りの老夫婦や若夫婦、高校生の一団などが襲われ、二人が死亡、六人が負傷した。

犯人は、新聞販売店に勤めていた若者で、足立区内のアパートの部屋には、「努力しない人間は生きていても仕方がない」というメッセージらしきものが残されていた。

この若者は、高校途中までは、進学校に通って大学受験の勉強に精を出すなど順調な進路を歩んでいたが、両親が多額の借金をこしらえ、ついにふた親とも借金取りに追われて逃亡生活を送ることになり、本人自身も電気も止められた部屋でただ両親を待つ日々を強いられ、勉強どころではなくなって、高校を中退した。

その後は、仕事を転々としつつも、単身アメリカに渡ったり、心の支えを求めて教会に通ったりして、向上心だけは失わずに生活していたが、次第に情緒不安定となり、奇妙なふるまいをするようになる。

そして、ついに、池袋でデイパックから庖丁と金槌を取り出し、「ウォー」「ムカついた、ぶっ殺す」という声をあげて、通行人に襲いかかった。

下関・通り魔殺人事件（平成一一年）

池袋通り魔事件から三週間後、ＪＲ下関駅構内で死者五人を出す通り魔無差別殺人事件が起きた。

乗降客が帰宅を急ぐ夕方の時刻、ＪＲ下関駅の玄関口に一台の車が猛スピードで突っ込み、ガラスを割りながら乗降客を撥《は》ね飛ばして改札口まで突っ走った。その車に乗っていた男は、改札口の前で車から降りると、庖丁を振り回して改札を通過、ホームに降りて次々に乗客に切りつけた。

七人が駅構内に突入してきた車に撥ねられ、八人がホームで犯人に切りつけられた。

犯人は、国立大学工学部出の一級建築士の男で、知能的には優秀だったが、内向的な性格で人間関係がうまくいかず、仕事が暗礁に乗り上げ、「自分はダメな男だ」と悲観して自暴自棄になって取った行動だった。

犯行に車を用いたのは、「池袋通り魔事件を見て、刃物では大量に人を殺せないと思って」と供述した。

弘前・武富士放火殺人事件(平成一三年)

青森県弘前市のテナントビル三階にある武富士の支店で、入ってきた男が持っていたポリ容器からガソリンを撒いて金を要求し、拒否されると、火をつけて逃げた。火は見る見るうちに燃え広がり、店内はたちまち猛火に包まれた。この間、わずか二〜三分。あっという間の出来事だった。

この事件で、従業員五人が焼死した。助かった従業員も全員、重度のやけどを負った。

犯人の男は、店内にガソリンを撒くと「ガソリンだぁ」と叫び、従業員の目の前で見得を切ってライターと捻り紙を取り出すと、「金を出せ。出さねば火をつけるど」と凄んで金を要求した。が、店内で応じる者は誰もなかった。これを見た男は、「おめだぢ、早ぐ」などと、さらに金を催促したが、効果がないばかりか、かえって店内では警察に通報する素振りを見せた。慌てた男は、火をつけた捻り紙を放り投げ、そのまま店から逃げて行った。これが、二〜三分の犯行の一部始終だった。

裁判では、この男は、殺意はなかったと申し立てたが、認められず、死刑判決が下り、確定している。

一般に、人のいる建物にガソリンを撒いて火をつけるというのは、仮に逃げるだろうと思っていたとしても、未必的な殺意が認められる（この点は、新聞紙に火をつけるような行為とは明らかに区別される）。

大阪・附属池田小学校児童殺傷事件（平成一三年）

関西でとりわけ優秀な生徒の集う国立の名門小学校、大阪教育大学附属池田小学校に、庖丁を持った男が乱入、児童八名を殺害、ほかに児童一三名、教諭二名にけがを負わせた。

時刻は、丁度二時間目が終わったところで、教諭も児童も一息ついている休み時間に、犯人は怪しまれることなく教室まで侵入し、教室内で惨劇を引き起こした。

この犯人に対して下された死刑判決は、スピード執行された（死刑確定後一年足らずで執行）。

岡山・交際女性殺害事件（平成一三年）

この事件は、たかられていた男がたかっていた女性を殺害したもの。仮釈放を受けて新聞配達をして生活していた男が、知り合った女性から金を貸してくれるように頼まれ、再三金を渡した挙句、最後には「金の切れ目が縁の切れ目」のような態度を取られて、逆上して殺害した事件だった。

男は、もう六〇歳に近い年齢だったが、仮釈放を得てからはまじめに働き、毎朝四時前に起きる新聞配達の仕事を継続していた。しかし、友人を介してある初老の女性と知り合い、はじめて会ったときに、懇請されて、つい金を貸してやったのが躓《つまず》きの一歩で、その女性からは、その後、借金の頼みが頻繁に入るようになる。たび重なる泣き落とし、そのたびごとに、男は数万円から十数万円の金を渡した。新聞配達で稼いだ、なけなしの金である。しばらくすると男の所持金は底をついた。しかし、女性からの無心はとどまるところを知らない。男に消費者金融から借りてくれと言い出す。男は、これにも応じた。消費者金融からの借り入れは、すぐに限度額を突破した。

むしられるだけむしられて、もう金を用立てる目途もなくなったこの男は、それでも、つい、「親戚のところに行けばかなりの金が出る」というようなことを口に出してしまう。次の日、男は、自分のアパートで、その話は嘘だったと女性に打ち明けた。すると、女性からは「金の出んところにいてもしょうがない」と本音とも言える罵声が飛んできた。逆上した男は、女性の首を絞めて殺害してしまった。

これは、事件自体を見れば、死刑になるようなものではない。殺人事件の通常の量刑は懲役一三～一四年とされているが、事件の経緯には情状酌量の余地があり、被害者の落ち度も認められるので、殺人事件の通常の量刑を下回るべき内容と言える。

それにもかかわらず、この事件の犯人が死刑となったのには、前科が関係している。この男には、過去に殺人の前科があって、無期懲役の判決を受けていた。この事件は、その仮釈放中のことだった。

静岡・三島の女子短大生暴行焼殺事件（平成一四年）

帰宅途中の女子短大生を車に押し込んで暴行して殺害したという事件。

この事件は、殺害方法が灯油を被害者の頭から浴びせて身体に火をつけるという類例のないものだった。反面、この事件の犯人は、殺害に至るまでのかなりの間、殺害するか解放するか迷い、躊躇している点でも特徴があった（つまり、殺害についての計画性は認められない事案だった）。

裁判では、一審は、計画性が認められないことから無期懲役としたが、二審では死刑が言い渡され、確定している。

被害者に頭から灯油を浴びせかけ、震える被害者に火をつけて生きながら焼き殺したこの事件は、特別の残虐性が認められ、そういう観点から死刑判決となったものと言える。

前橋・女子高生拉致殺害事件（平成一四年）

これは、終業式帰りの女子高生を拉致して暴行したうえ殺害し、身代金名目で家族から二三万円を取ったという事件。ただし、身代金目的誘拐殺人事件ではない。

つまり、被告人は、はじめから身代金目的で女子高生を拉致したり殺害するということを考えていたわけではなく、①もともとは自分の娘の通う小学校を乗っ取って、別居中の妻子を連れて来させることを企てていたが、ちょうど小学校が夏休みに入ってしまったので、その代わりに女子高生を拉致してこれを人質にして当初の目的を遂げようと考えを変え、②下校途中の女子高生を拉致し、③女子高生を拉致したところで、今度は、当初の目的は放棄して、女子高生を暴行した挙句に、殺害してしまい、④さらに、殺害後自宅に逃げ帰ったのち、女子高生の家族に身代金を要求することを思い立って身代金要求を行ったというのが、この事件の一部始終だった。

言い換えれば、身代金目的誘拐殺人の特徴である「冷酷な計画性」といったものは認められず、ハチャメチャな無軌道性がその特徴になっている。

裁判では、一審は、高度な計画性が認められないことで無期懲役としたが、二審では死刑が言い渡され、確定している。

この場合は、計画性がないといっても、支離滅裂なだけで、偶発的犯行というわけでも犯行を躊躇しているわけでもない。そのため、身代金目的誘拐殺人のような高度の計画性がある場合と比較しても、特に軽く扱う必要はないという考え方が出てくる。

千葉・館山の住宅放火四人焼殺事件（平成一五年）

年末の深夜、千葉県館山市の住宅地で一軒家が放火され、七棟が全焼、四人の死者を出した事件。新聞紙にライターで火をつけたところ、火が燃え広がった。

犯人は、殺意はなかったと申し立てたが、裁判では認められなかった。丸めた新聞紙に火をつけた程度では、必ずしも殺意ありとされるわけではない。けれども、この場合は、木造住宅に接して古新聞が積み上げられていたところに点火したというもので、多少状況が違っていた。

加えて、人通りが完全に途絶えた深夜に放火していること、犯人がそれまでにも同様の放火を繰り返していたこと、そして、その中には焼死者が出ていたものもあったことなどから、未必の殺意が認定された。

奈良・小学女子児童誘拐殺人事件(平成一六年)

小学一年生の女子児童をわいせつ目的で誘拐して殺害したこの事件では、殺害後、ケータイで女子児童の遺体を写して児童の親に送信するなどの異常な振る舞いをしていた。わいせつ目的誘拐殺人であることに加え、その異常性がセンセーショナルな話題を呼び、同じ年ごろの児童を持つ家庭に衝撃を与えた。

また犯人は、被害児童にわいせつ行為を働くだけでなく、殺害後、遺体をわいせつ目的で損傷してもいた。

全体として稀に見る猟奇性を帯びた事件と言える。

同じ誘拐殺人でも、身代金目的誘拐殺人とわいせつ目的誘拐殺人は区別される。身代金目的誘拐殺人では、「冷酷な計画性」が特徴をなすのに対して、わいせつ目的誘拐殺人では、計画性は乏しいことが多い。後者は、自分の衝動を抑えられないことで引き起こされるものだからである。一方で、わいせつ目的という事柄からくる別の意味の悪質性が存在する。

この事件の場合は、小さな子供を対象にしているうえ、被害児童の親の身になってみれば、耐えられないような異常な行動が繰り広げられており、裁判では、後者の観点から死刑の結論に至った。

自殺志願者サイト快楽殺人事件(平成一七年)

この事件は、人が窒息死する様子に快楽を感じる男がネットで練炭自殺の自殺希望者を募り、自分の手で三人の犠牲者を次々に窒息死させたもの。日本における代表的な快楽殺人のケース。

快楽殺人というのは、何らかの想念や嗜好のために、殺人それ自体が快楽になっている場合を指している。「快楽殺人」と言うと下世話に聞こえるが、裁判でこれが取り上げられるのは、どこまで本人の責任と言えるか微妙な場合があるため。

この事件でも、犯人自身が自分の性癖に苦悩した末に、精神科医からも半ば見放され、最後には犯行に至ったという経緯があった。

この男は、内面では自分の異常な衝動を自覚し、思春期からその特殊な性癖に悩み続け、自分から精神科に通うなどして何とか自身の衝動を抑えようと努力していたが、どうしても異常な衝動を抑え込むことができずに、大学時代には、突発的に友人の首を絞めるという行動を起こして中退を余儀なくされ、大学中退後に勤めた郵便局でも、二年目に突如発作的に同僚を襲うという行為に出たため、解雇されてしまう。そして、自分の異常な性癖に絶望的な思いを抱きつつ犯行に及んだものだった。

法廷でも、「自分は責任を取らなければならない。死刑は覚悟しています」と述べていた。

そのため、一審だけで死刑が確定し、すでに死刑が執行されている。

名古屋・闇サイト強盗殺人事件（平成一九年）

ネットの闇サイトで知り合った三人が無差別に、金目当てで通りがかりの女性を襲った事件。帰宅を急いで夜道を歩いていた女性を拉致して車の中に連れ込み、ハンマーで殴るなどして殺害し、現金やキャッシュカードを奪った。

この事件は、被害者は一人だったが、裁判の一審では、犯人三名のうち二名に死刑判決が下された（うち一名は確定）。

殺人事件の種類で言えば、これは強盗殺人事件であり、単純殺人とは違って、悪質な強盗殺人事件は被害者一名でも死刑になるという流れは以前からあった（ただし、率としては少ない）。その流れに位置付けられる。

土浦・荒川沖通り魔事件（平成二〇年）

ＪＲ常磐線・荒川沖駅で起きた無差別殺傷事件で、付近を歩いていた人がサバイバルナイフで次々に切りつけられた。この襲撃で、一人死亡、七人が負傷した。

この事件の犯人は、四日前にも自宅近くで老人を刺殺していて、通り魔事件当時には、容疑者宅の最寄駅に当たる荒川沖駅には警察官多数が緊急配備されていたが、犯行を防ぐことができなかった。

犯人は、ゲーム選手権などにも出るほどパソコンゲームに熱中していたが、「現実の自分には希望が見出せず、毎日がつまらなかった」と述べていた。

合わせて二名殺害であり、一審では死刑判決となった（一審のみで確定）。二人殺害の無差別殺人で死刑というのは、前に出てきた**池袋・通り魔殺人事件（平成一一年）**でも同じだった。

この事件の二カ月半後には、秋葉原通り魔事件が起きている。

【第五期の死刑概観】

この時期、つまりオウム事件以降現在までは、前期（バブル期）、前々期（安定成長期）と比べると、死刑判決の数は明らかに増加しています。特に最近は、一年あたりの確定者の数では一〇～二〇名水準に戻っています。

大枠として一人殺害では死刑としないという原則は維持されていますが、個別のケースについて、犯行の残虐性や執拗性あるいは猟奇性などの観点から、極刑もやむなしとする傾向も見られます。

少年犯罪については、二人殺害であっても死刑にしないというこれまでの方向について、光市の母子殺害事件の最高裁判決が大きな影響を及ぼすことになりました（後述、次章）。

第二章　死刑判決の基準

被害者の数―なぜ殺された者の数が重要か

どのような事件が死刑になるかは、前章で見てきたとおり、時代によってかなり違っています。死刑の基準も時代によって変遷があります。

ここでは、最近の状況に焦点を当てて、生きた死刑の基準を見ていきましょう。

ところで、日本の裁判で死刑に関する判断基準を示した有名なものに、永山事件の最高裁判所判決があります。これは、永山基準などとも呼ばれますが、事件当時未成年（一九歳）であった永山則夫に対する死刑の当否が問題になったときに示された見解です。

それによれば、

「①犯行の罪質、②動機、③態様、ことに殺害の執拗性・残虐性、④結果の重大性、ことに殺害された被害者の数、⑤遺族の被害感情、⑥社会的影響、⑦犯人の年齢、⑧前科、⑨犯行後の情状など」

を考慮し、「やむを得ない場合に死刑の選択が許される」ということになっています。

しかし、これは、総花的な公式論にとどまります。具体的な基準というより、死刑判断にあたって考慮すべき要素をできるだけ列挙したというにすぎないでしょう。

では、現在の日本の死刑適用の基準は、実際のところはどうなっているのか大まかに言うと、被害者（殺された者）の数によっています。

つまり、「死刑になるのは三人以上殺害した場合で、二人殺害では死刑になる場合とならない場合がケースごとに判断され、一人殺害では原則的には死刑にはならない」といった大枠があります。

なぜ、被害者の数を第一の基準にするかと言うと、それは、この数が、その事件の人命軽視の度合いを測る尺度にほかならないからです。

一人殺そうと二人殺そうと、あるいは何人殺そうとも、倫理的には同じことかもしれません。「汝殺すことなかれ」という戒律を破ったことには変わりありません。

けれども、一人殺害した場合と百人殺害した場合で人命軽視の度合いが違うことも、また明らかでしょう。「人一人の命は、全地球よりも重い」という言葉がありますが、これを文字どおりに取ると、おかしなことになってしまいます。「人命尊重の理念は、全地球を貫かなければならない」という具合に、価値的、現実的に捉えなければなりません。そうでなければ、工業生産や高速度交通機関が高度に発達した現代社会においては、これは真理ではなくて偽善になってしまいます。

言い換えれば、被害者の数が大事なのは、人命尊重の理念が大事であることと表裏をなしています。人命尊重の理念の現実的な意味合いからくるものにほかなりません。

そのため、ここで言う「被害者」とは、殺された者、つまり殺意をもって死亡させられた者のことになります。単なる死亡者という意味ではなく、「殺意をもって」死亡させられた者、その数を指すことになります。

それはなぜかと言えば、人命軽視の態度がはっきり表れているかどうかが重要だからです。たとえ、死亡という重大極まる結果を引き起こした点では同じであっても、殺意があったかどうかは、人命軽視の態度という点では決定的な違いがあります。

つまり、殺意をもって死亡させられた者の数が、死刑の第一基準となります。

この関係で、前章で出てきた**昭島・昭和郷アパート放火八人焼死事件（昭和三二年）**に触れておきましょう。これは、都内昭島市の共同住宅から火が出て焼死者八名を出した事件でしたが、原因は住人の一人が物置に新聞紙を丸めて火をつけたというもので、このケースでは殺意は認められませんでした。にもかかわらず、死刑判決が出ましたが、これは、かなり前の時代の全く異例の判断で、現在では通用しないものと見られています。

以上が被害者の数を第一基準とする大枠ですが、あとは犯情いかんによって決まります。二人殺害の場合に具体的にどうなるかは、犯情の悪い殺人かどうかで決まります。一人殺害の場合の例外については、特に犯情の悪い殺人かどうかで決まります（犯情について詳しくは後述）。

少年の場合の基準

前章では、少年死刑事件も出てきました。

少年の場合は、成人とは区別して考えられます。それは、少年法が犯行時一八歳未満の者には死刑を科すことができないと定めていることに関連しています。

その延長としての尺度であり、少年法の精神の尊重という意味合いで、死刑の基準も変容してきます（一八歳未満の少年は少年法の適用を受けますから、死刑が問題となる「未成年」とは、一八歳、一九歳のことで、以下で「未成年」という場合はそれを指します）。

少年法が一八歳未満の者には死刑を科すことができないと定めているのは、更生の可能性に着目したものですが、一八歳未満ならば、たとえ、どのような犯罪を犯そうが、何人殺そうが、絶対に死刑にはならないわけです。そうであれば、その徹底した扱いは、一八歳、一九歳の未成年についての死刑にも、何ほどか影響を及ぼさないわけにはいきません。

では、被告人が未成年（＝一八歳、一九歳）の場合には、死刑の基準の大枠は、どう変わるのでしょうか。

それは、「三人以上殺害した場合は成人の場合とあまり変わらないが、二人殺害では死刑は原則的に回避され、一人殺害では絶対に死刑にはならない」といった枠組みになります。

最近、死刑の適用について大きな話題となったものに、光市の母子殺害事件があります。光市のこの事件では、被告人は一八歳を少し過ぎたばかりの少年でしたが、よく知られているように、残された被害者遺族（殺害された女性の夫であり、赤ん坊の父親）が被害者側としての心情を訴え、死刑を求めていました。裁判では、一審、二審ともに、死刑を回避しましたが、最高裁は、「特別に酌量すべき事情がない限り、死刑の選択をするほかない」として、一審、二審の無期懲役の判決を破棄して広島高裁に差し戻しを行い、差戻審では死刑判決が出され、現在、事件は再び最高裁に上がり、最終段階を迎えています。

死刑の適用に関して何がここまで問題となったかと言うと、少年事件の場合は、これまでは被害者が二人であっても、死刑回避が原則となってきたという点です。基準のもとでは、死刑になるのは、あくまで「例外」です。この少年だけ例外として、死刑にしてしまっていいのかということで混迷を深めたのでした。

犯情の悪い殺人とは何か

先ほど、死刑の基準の大枠を述べるとともに、その中で具体的にどうなるかは、犯情が悪いかどうかで決まるという趣旨のことを述べましたが、それでは、犯情が悪いかどうかはどうやって判断されるのでしょうか。

同じ殺人でも、犯情が悪いかどうかは、まず、①犯行の「計画性」、②「残虐性」、③「執拗性」、④「凶悪性」、⑤「冷酷性」などによって区別されます。

①犯行の「計画性」というのは、衝動的殺人か計画的殺人かの区別です。たとえば、男女関係のもつれからの衝動的殺人と強盗殺人が区別されるべきことは明らかでしょう。

さらに、計画性の程度も問題になります。身代金目的誘拐殺人のような手の込んだものが特別視されるのは、この観点からです。

②犯行の「残虐性」というのは、殺害方法に特別の残虐性が認められるかどうかという観点です。前章で、**三島・女子短大生暴行焼殺事件（平成一四年）**をとり上げました。被害者に頭から灯油をかけて生きながら焼き殺した事件ですが、残虐性の点で突出していました。殺人は、通常、どれも残虐と言うべきでしょうから、ここでは、特別の残虐性が認められるかどうかが問題となります。ほかに、「生き埋め」や「リンチ殺人」なども、この観点から特別視されます。

二〇一〇年一一月に裁判員裁判で死刑判決が言い渡された横浜の強盗殺人事件では、そもそも二人殺害の事案でしたが、殺害方法は、電動のこぎりで被害者を生きながら切断するというものでした。これは残虐性という点では異例で、かつてこれほどまでに残虐極まる犯行はなかったと言ってよいでしょう。

③犯行の「執拗性」には、殺害方法が執拗な場合と、犯行全体が執念深い場合があります。前者は、鈍器で何回も殴って撲殺するようなケースであり、後者は、ストーカー殺人が典

型となります。

④犯行の「凶悪性」は、強盗が鋭利な大型の刃物で一撃のもとに刺殺するような場合や拳銃で撃ち殺す場合などに認められます。火炎瓶を投げる行為やガソリンを撒いて火を放つことなどもそうです。主として、用いられた凶器の種類に着眼したものです。

電動のこぎりが用いられた前記の横浜の裁判員裁判のケースは、この点でも悪質でした。

⑤犯行の「冷酷性」は、一つには、殺害を躊躇したかどうかという観点で、被害者の命乞いを遮って有無を言わさず犯行に及んだような場合がそれです。

もう一つは、殺害対象という観点もあり、赤ん坊や幼児を手にかける場合などが当てはまります。また、殺害後の行為が「冷酷性」に影響を及ぼす場合もあります。いわゆるバラバラ殺人は、死体の扱い方から冷酷性が高いと判断されます。

横浜の裁判員裁判のケースでは、死体のバラバラ殺人どころか生体切断であり、また、「殺してからにしてくれ」という被害者の哀願を無視して切断に及んだもので、この点でも悪質性は極めて高かったと言えます。

以上は、犯行の客観面に着目したものですが、別に、犯情が悪いかどうかには動機の点もかかわってきます。

ⓐ その一つは、金銭目的があるかどうかです。

金銭目的の殺人は、罪が重くなりますが、これは、金銭目的で人命を奪うことが、前に出てきた人命尊重の観点から見逃し得ない問題を含んでいるからです。この場合に重くなる理由として、金目当ての低級な動機だからという面もないわけではありませんが、それよりも、金銭と人命を天秤にかけて人命を顧みないという感覚が問題視されます。

ⓑ 動機が身勝手な場合もあります。

たとえば、情欲を動機とする婦女暴行殺人がそうです。さらに性的な動機が猟奇性を帯びた場合として、猟奇殺人があります。これらは、被害者のことを考えもしないという意味において悪質性が高いものです。

ⓒ ほかには、動機が異常な場合もあります。

動機が異常で、その殺人が被害者（遺族）から見て一層耐えがたいという場合には、それも一つの悪質性となります。猟奇殺人は、こちらにも当てはまります。

動機がよくわからないという意味で異常なものとしては、通り魔殺人（無差別殺人）があります。これは、被害者にとって理不尽極まりないという点で、やはり一つの悪質性と言えます。

ⓓ さらには、動機が醜悪な場合があります。

たとえば、最初の犯罪を手伝わせた共犯者を口封じのために殺害する場合や、犯罪で得た利益を一人占めにしようとして共犯者を殺害する場合などです。

重視される計画性と殺意の発生時期

以上で見た「悪質性」の諸要素の中で、これまで、とりわけ重視されてきたものは何かと言えば、それは犯行の計画性の点です。

そして、そのために、これまでの死刑裁判では、殺意の発生時期という事柄が重要な問題になっていました。

この二点について、もう少し敷衍《ふえん》してみましょう。

一般に、日常用語で「計画性」と言う場合、犯行全体についての計画性を指すことが多いわけですが、ここで言う「計画性」とは、あくまで殺害の計画性を指しています。漠然とした全体としての計画性ではなく、ピンポイントで殺害に焦点を当てたものです。

たとえば、強盗殺人で、強盗に計画性があっても、はじめから人を殺して金品を奪うつもりでないなら、厳密な意味では、ここで言う「計画性」は認められないことになります。婦女暴行殺人で、最初から婦女暴行の強固な意思を持っていたとしても、殺してまで目的を遂げようとは思っていなかったとすれば、やはり同じです。

死刑という観点からすれば、重要なのは殺人の点であり、死刑を左右する要素となるのは、あくまで「殺害の計画性」です。強盗や婦女暴行自体ももちろん重罪ですが、殺人とは比べるべくもありません。

そして、ここから、いつ殺意を生じたのかということが重要なポイントになってきます。いわゆる「殺意の発生時期」という問題です。殺意の発生時期が確定して、はじめてそれ以降の計画性、つまり「殺害の計画性」が議論できるはずだからです。

これまでの死刑裁判では、いつ殺意を生じたかという点が、一見どうでもよいように思えるほど細かく問題にされてきましたが（「何日の何時ごろか」「何分ごろか」）、それはこういうわけです。

事件の種類による違い―殺人のタイプが死刑を決める

殺人のうちで、犯情の悪い殺人かどうか、その悪いレベルはどのくらいかは、以上で概観した事柄（前記①〜⑤、ⓐ〜ⓓ）をどれだけ備えているかで決まります。

が、全部を備えている犯罪というのは現実問題としてありません。また、理屈のうえでは、その組み合わせは無数にありますが、自ずと、よくある組み合わせというものが決まってきます。つまりは、その「よくある組み合わせ」が殺人事件のタイプであり、種類ということになります。

殺人事件の種類としては、❶身代金目的誘拐殺人、❷保険金殺人、❸強盗殺人、❹婦女暴行殺人、❺放火殺人などということがよく言われます。

このうち、犯行の計画性という点で見ると、❶身代金目的誘拐殺人、❷保険金殺人、❸強盗殺人が悪質と言えます。また、動機ということで言っても（金目当て）、やはり、身代金目的誘拐殺人、保険金殺人、強盗殺人が悪質ということになります。

同じ殺人事件でも類型的に見てこのような差異があるので、これが死刑の適用についても違いをもたらします。

それを被害者が一人の場合について見ていきましょう。

一人殺害の場合で死刑となるのは、基本的には、身代金目的誘拐殺人、保険金殺人、強盗殺人に限られてくると言えます。さらに、この中においても、ニュアンスに差異があり、❷保険金殺人や❸強盗殺人では、死刑となる絶対数はやはり少ないのですが、これに比べると、❶身代金目的誘拐殺人では、一人殺害でも死刑となることがかなりあります。

つまり、身代金目的誘拐殺人は、事件のタイプ別で見た場合、極限的な重罪と言えます。

その理由は、この場合の「計画性」の内容にかかわります。身代金目的誘拐殺人というのは、保険金殺人や強盗殺人と比べても、特殊悪質な計画性があります。この場合、誘拐して人質を取り、家族に身代金を要求し、他方では人質を殺害するという一連の行為は、人質の命、人質の家族、その肉親の情といった人間社会における人倫の根本を犯罪の道具として用いています。挙句に人命を奪って金だけを得ようとするものですから、言わば「究極の悪質な計画性」を帯びていると見られるわけです。

なお、以上の❶身代金目的誘拐殺人、❷保険金殺人、❸強盗殺人、❹婦女暴行殺人、❺放火殺人などというのは、殺人事件の一般的な呼び方であって、法律上の区別ではありません。刑法上は、殺人罪と強盗殺人罪の別があるだけです。罪名という点では、❸以外は、いずれも通常の殺人罪ということになります。

また、今述べたこととかなりオーバーラップする事柄ですが、加重殺人と単純殺人という区別もあります。「加重」というのは、殺人にさらに付け加わっている犯罪のことを指します。

たとえば、㋐殺人に爆発物が用いられた場合（＋激発物破裂罪、火薬類取締法違反、爆発物取締罰則違反）、㋑毒劇物が用いられた場合（＋毒劇物取締法違反）、㋒銃器や大型の刃物が用いられた場合（＋銃刀法違反）、㋓殺人に誘拐や拉致を伴う場合（＋略取・誘拐罪）、㋔保険金詐欺を伴う場合（＋詐欺罪）、㋕強盗を伴う場合（＋強盗罪＝強盗殺人罪）、㋖婦女暴行を伴う場合（＋強姦致死罪、強制わいせつ致死罪）、㋗放火を伴う場合（＋放火罪）、㋘暴動的色彩を伴う場合（＋騒乱罪、凶器準備集合罪、破壊活動防止法違反）、㋙殺害後死体損壊が行われた場合（＋死体損壊罪）などです。

アメリカや中南米の死刑存置国では、加重殺人であることが死刑適用の大きなメルクマールとされることがあります（ロジャー・フッド『世界の死刑—国連犯罪防止・犯罪統制委員会報告書』〔辻本義男訳〕成文堂）。

これらの「加重」がないのが、単純殺人です。

前科の影響—前科があるために死刑になる理由とは

被害者一人の場合と死刑について続けましょう。

一人殺害で死刑となるケースには、当の事件自体で死刑となる場合のほかに、前科があるために死刑になる場合があります。

これは、当の事件以外のことで死刑になる、言わば特別の場合です。

(1) 無期懲役前科があるために死刑となる場合

前章で、**岡山・交際女性殺害事件（平成一三年）**というのがありました。金銭的に援助してやっていた女性から捨てぜりふを言われて逆上してその女性を殺害した事件ですが、これは、殺人事件とはいえ、事件自体で見れば死刑になるようなものではありません。それは、前章で出てきたそのほかの数々の死刑事件と比べれば明らかでしょう。

しかし、この事件では、被告人には、無期懲役の前科がありました。殺人を犯して無期懲役の判決を受けていたということがあったため、死刑判決になっています（最高裁判所平成一九年一一月三〇日判決）。

ここでは、二度目であることが重視され、また、前の無期懲役から一歩を進める必要があるとして（無期懲役→もう一つ重い刑罰＝死刑）、死刑という結論が導かれているのです。

これまでの裁判では、このような場合は、二度目は死刑をもって臨むというのが、むしろ通例と言えるでしょう。

(2)　同種の重大前科があるために死刑となる場合

前科が無期懲役ではなく有期懲役であっても、それが殺人の前科の場合には、なお、(1)と同様に死刑とされることがあります。

第一章で、かなり昔の事件ですが、**大阪・住吉の母親バラバラ殺人事件（昭和三五年）**というのがありました。強圧的な母親に育てられた男性が、赤字続きの母親の店を閉めるように頼んだものの、撥ねつけられて、借金の悩みから母親を殺害したものですが、この事件では、前科は有期懲役でした。

ほかにも、最近の例では、開業医宅へ強盗に入って開業医の妻を殺害した事件で、前に自分の母親を殺害した前科（懲役一二年）があったために死刑判決が出た例（熊本地裁平成一二年五月二六日判決）や、無銭飲食して逃げるつもりで入ったスナックで逃げ出せなくなって強盗殺人を犯した事件で、若い時に宿泊した旅館でそこの主人を殺害した前科（懲役一五年）があったことで死刑となった例があります（名古屋高裁平成一六年二月六日判決）。

この場合は、(1)とは違って、無期懲役から一歩刑を進めた結果、必然的に死刑になるというものではないことに注意する必要があります。前科が無期懲役で、また罪を犯したのだから今度は死刑にせざるを得ないというのとは違うのです。

言い換えれば、ここで死刑になる理由は、「懲りない犯罪的性質から死刑」ということに尽きます。同種の重大前科があることで、反復して同じようなことを行う根深い犯罪的性質があると見られて、もはや更生の可能性なし、刑務所に入れても矯正不能とみなされて死刑にされるのです。

これは、とりも直さず抜きがたい犯罪傾向をその人間もろとも消滅させるということです。国家としてあるいは社会として、そうする必要があるということなのです。

二人殺害の場合の二次的基準——同時型か連続型かで違ってくる結論

大枠としては、「二人殺害」の場合はケース・バイ・ケースで死刑の適用が決められると述べましたが、そのケース・バイ・ケースの判断をするために、二次的な基準として、「機会の同一性」というものがあります。

ただ、すでに見たように、身代金目的誘拐殺人、保険金殺人、強盗殺人では、一人殺害でも死刑になることがあり得ますから、これらで二人殺害の場合にどうなるかは、自ずと明らかでしょう。二人殺害の身代金目的誘拐殺人、保険金殺人、強盗殺人では、その多くが死刑となっています（身代金目的誘拐殺人では、ほとんど全件）。

そこで、それ以外の殺人についてはどうかが主題となってきます。

「機会の同一性」の基準というのは、「二人殺害」の場合には、(a)「同時型」か、(b)「連続型」かによって区別するという考え方です。

これは一度の機会に二人殺害したか、異なる二つの機会に一人ずつ殺害したかという区別です。そして、(b)「連続型」の場合は、多くが死刑となっているのに対して、(a)「同時型」の場合には、死刑にならないことも決して稀ではありません。

アメリカなどでも、同一の機会に二人殺した場合は「複数殺人」と呼ばれ、機会を異にして二人殺した場合は「連続殺人」と呼ばれて区別されることがあります。

具体例で見ていきましょう。

(a) 同時型から見ていきます。

衝動的殺人で、一度の機会に二人の犠牲者を出した事例は、多くが死刑ではなく無期懲役となっています。計画的殺人でも計画性の低い場合には、やはり無期懲役となることがあります。

たとえば、以下のようなケースは、いずれも無期懲役になっています。

空き巣に入った家で幼児に泣き出されて困惑し、幼児二人を刺殺したケース（札幌高裁平成一五年九月二日判決）、漁師が自分の船を借金のカタに取られると思ってその相手など二人を船上で殺害したケース（東京高裁平成一五年一一月一一日判決）、同棲相手の女性の両親が自分たちの結婚を認めてくれないことに立腹してそのふた親を刺殺したケース（最高裁判所平成一一年一二月一六日判決）、会社設立をめぐるトラブルから資金を提供した相手二人をアパートで刺殺したケース（最高裁判所平成一六年七月二九日判決）、知り合いの夫婦宅で口論となり、激昂してガソリンを撒き、火をつけて夫婦を焼死させたケース（東京高裁平成一七年九月一日判決）、不倫相手と一緒になるために就寝中の妻と幼い子供を絞殺し、妻に罪をなすりつけようと妻による無理心中を装ったケース（京都地裁平成一四年一二月一八日判決）、日ごろ妻にＤＶ（ドメスティック・バイオレンス）を振るっていたために妻から離婚を切り出され、それに逆ギレして妻と生まれたばかりの子供を刺殺したケース（高松高裁平成一九年二月一三日判決）などで、枚挙に遑《いとま》がありません。

見てのとおり、これらの事案の中には、あまり情状の良くないケースも含まれています。

ただ、これらは同時型殺人で、「魔が差した」あるいは「暴発してしまった」と見られたために、死刑が回避されたのです。

(b)

次に、連続型です。

連続型の場合は、無期懲役となる場合は著しく限定されてきます。

二〇〇〇年以降の裁判例の中で無期懲役となったものとしては、少し前にマスコミで話題となった秋田連続児童殺害事件（女性被告人が自分の小学生の女の子を殺害し、少し後に近隣の男の子を殺害したもの、秋田地裁平成二〇年三月一九日判決・仙台高裁秋田支部平成二一年三月二五日判決）のほか、二、三の例が目につく程度です。

つまりは、連続型の場合は、「繰り返した」ということで、死刑とされることが多いわけです。連続殺人犯は市民社会とは相容れない存在であるということなのでしょう。

特別に扱われる放火殺人

先ほど、殺人事件の種類❶〜❺として、❺放火殺人というのが出てきました。

放火殺人は、特別な面があり、これまでの裁判でも、取り扱いが揺れています。

放火殺人とは、放火を手段として殺人を犯すものを言います。人のいる建物に殺意をもって放火するのが典型です。

これに対して、殺人を犯した後、犯跡を湮滅《いんめつ》するために放火するのは、「殺人、放火」と言って区別されます。こちらは、殺害後のことであり、また、罪跡を湮滅する一方法として放火が用いられているだけですから、特別な考慮を要するわけではありません。殺人後の放火は、強盗殺人や婦女暴行殺人にしばしば見られ、この場合は、当の殺人の種類によって、❸強盗殺人なり❹婦女暴行殺人なりに分類され、その中で扱われることになります。

さて、本来の放火殺人についてです。この場合、特別な面があるというのは、次のようなことです。

放火を手段とする場合、紙屑に火をつけた程度でも、多数の死者が出る大惨事になることがあり、それほど大それたことを考えていなくとも、重大極まる結果を招来するという特殊性があります。

そこで、この場合、結果の重大性を重視するか、それとも本人の意思（内面）を重視するかという問題を生じます。

前章で、**館山・住宅放火四人焼殺事件（平成一五年）**が出てきました。深夜、千葉県館山市の住宅地で一軒家が放火され、四人の焼死者を出した事件でしたが、原因は、通りすがりの者が、積み上げられていた古新聞の束にライターで火をつけたところ、火が燃え広がったというものでした。この事件が死刑判決となったのは、結果を重視した典型的な例と言えます。

他方では、同じく四人の死者を出した事件でも、テレホンクラブに営業妨害の目的で火炎瓶を投げて店舗を燃やし、逃げ遅れた客ら四人を焼死させた神戸市の事件では、判決は無期懲役となっています（最高裁判所平成一八年一一月一六日判決）。また、千葉県松戸市で元交際相手の女性宅に灯油を撒いて放火して、その結果、幼い子供を含む家人三人を焼死させた事件がありましたが、殺意が未必的で家の中に何人いるかをはっきり認識していなかったことで死刑ではなく無期懲役とされています（東京高裁平成一七年八月二日判決）。これらは、本人の内面を重視した典型例と言えます（未必の殺意とは、殺意が確定的でないことを指す）。

前章では、**昭島・昭和郷アパート放火八人焼死事件（昭和三二年）**というのもありました。共同住宅の住人の一人が物置に新聞紙を丸めて火をつけたのが燃え広がって焼死者八名を出した事件でしたが、このケースでは殺意自体が認められませんでした。この事件の死刑判決は、結果を重視した極端な例ということになります（なお、これは放火殺人ですらなく、単なる放火の死刑判決の例です）。

このように、放火殺人では、結果を重視するか、本人の内面を重視するか、裁く側の考え方一つで結論が変わってくるという特殊性があり、これまでの裁判でも大きなブレが生じています。

なお、本人の内面を重視する考え方を責任主義と言いますが、近代刑法においては、「結果主義から責任主義へ」という大きな流れがあります。

死刑にならない一家無理心中

一家無理心中は、自分も死ぬ意思で自分以外の家族を手にかけるものです。この場合、自殺の意思がある点で特殊性がありますが、自分以外の家族の意思を無視して手にかけるわけですから殺人となります（もし、家族も心中に同意している場合は、無理心中ではなくて、合意心中であり、合意心中の場合は殺人罪とはなりません）。

実際には、一家無理心中を企てた者が生き残った場合に問題になります。

これまでの裁判では、たとえ家族を三人、四人、場合によってはそれ以上手にかけていても、生き残った者を死刑にするようなことはしていません。

一家無理心中の場合、経済苦、病苦、介護苦、障害苦などの苦しい事情があるのが一般的であり、仮に客観的にはそこまでの事情がなくとも、自分も死のうとまで思い詰めてのことですから、そこまで思い詰めて死に切れなかった者を死刑にすることはないという考え方になっています。また、もし、この場合死刑とするならば、結果的には、それこそ、法の名のもとに一家無理心中させたことになってしまうという見方もあります。

ここから、一家無理心中であれば、被害者の人数を問わずに死刑が回避されるとともに、本当に無理心中なのか微妙なケースもあり、そこでは、紙一重の判断が求められます。

前章で、**岩槻・嫁に不満の家族七人殺害事件（昭和三四年）**、**八戸・家族五人殺害事件（平成元年）**が出てきましたが、これらの事件は、一家無理心中に似ているものの、その実態がないとして、死刑判決となった事例です。

なぜか軽い暴力団抗争の殺人

これまでの裁判では、暴力団抗争や暴力団内部の殺人については、特別に軽く扱うということがありました。

法務省の重罪関係の資料にも、三人以上殺害で死刑にならない場合として「暴力団抗争」が挙げられていたほどです（法務総合研究所研究部紀要・刑事政策研究三九「凶悪重大事犯の実態及び量刑に関する研究」）。

前章で出てきた事件の中に、**熊本・暴力団組長の組員保険金殺人事件（昭和六三年）**というのがありました。これは、元暴力団組長が、保険金一億円を取得するために組員三人を殺害した事件でしたが、この事件も一審では、暴力団内部の殺人であることから無期懲役となっていました。

このような取り扱いの理由は何かと言えば、暴力団員の場合、お互いが命のやり取りをしているということからきていますが、はたして合理的な理由と言えるのか見直されつつあります。

殺意に関する問題

殺意と死刑の適用という問題について、注意を要する点や紛らわしい点に触れながら、さらに死刑の基準の細部に立ち入ってみましょう。

①漠然とした殺意

これまでの裁判では、殺意が漠然としている場合に死刑を回避するという考え方があります。何人殺害するかという人数の認識の点で、殺意の中身がはっきりしない場合です。

これは、先ほど出てきた放火殺人の場合に多く見られます。そこでは、三人以上殺害でも、死刑を回避した最近の例を二つほど挙げましたが（神戸・テレホンクラブ放火四人焼殺事件、松戸・元交際相手の女性宅放火三人焼殺事件）、いずれも、殺意が未必的で建物の中に何人いるかはっきり認識していなかったことで、死刑ではなく無期懲役とされています。

建物の中に何人ひとがいるのかはっきり認識していないことは、死刑の第一基準である「被害者の数」にかかわります。

もともと、「被害者の数」が死刑の第一基準とされ、最重要視されるのは、それが人命軽視の態度を測る尺度だからですが、人命軽視の度合いは、人数の点の認識いかんによって違ってくるはずです。このような観点からすれば、その認識の点まで重視しなければ一貫しないのです。

三人以上殺害することをどれだけ明確に認識していたかを問う「人数の認識」の点は、細かい事柄のように見えますが、やはり軽視できません。

二〇〇八年一〇月に、大阪・難波の個室ビデオ店の一室から火が出て一六人が死亡するという事件が起きました。これは、大企業をリストラされた無職男性が前途を悲観してティッシュペーパーに火をつけ、燃え広がったものでしたが、これだけの死者が出た事件でも、なお議論の余地があるわけです（一審死刑判決、現在二審で審理中）。

②殺意なき死亡と強盗致死

死刑の第一基準「被害者の数」で言うところの「被害者」とは、殺意をもって死亡させられた者を指すことは、すでに述べました。

その関係で、強盗致死の取り扱いも、次のようになってきます。

たとえば、被害者二人を死亡させた強盗殺人事件で、一人の被害者に対する殺意が否定されると、死刑の基準との関係では、二人殺害ではなくて、むしろ一人殺害の事案として扱われることになります。この場合、罪名は強盗殺人及び強盗致死であり（超重罪プラス超重罪）、事実としても二人死亡しているわけですが、肝心の死刑の適用という点では、通常の二人殺害の事案とは明確に区別されることになります。

実際に、一人の被害者に対する殺意が否定されたことで、死刑ではなく無期懲役になっている例は多々見受けられます。

では、二人強盗殺人で起訴された事件で、どのような場合に、一人の被害者に対して殺意が否定されることになるのでしょうか。

それは、一つには、二人目の被害者から捕まえられそうになって反撃して死亡させたようなケースです。もう一つは、二人目の被害者には銃器や刃物を使わなかったような場合に（素手または鈍器使用）、殺意が否定されることがあります。

重傷殺人未遂の取り扱い

人命尊重の理念は、また、今述べたのとは別の角度から基準に関係することもあります。それは、文字どおり、人命が失われたかどうかが重要視されるということです。

これは、事例的には、重傷殺人未遂にかかわります。

殺意をもって瀕死の重傷を負わせた場合や重度後遺症が残るような傷害を負わせた場合はどうかという問題があります。たとえば、被害者二人のケースで、殺意をもって一人を死亡させ（殺人）、もう一人には、やはり殺意をもって半身不随になるような重傷を負わせたような場合（殺人未遂）、二人殺害の事案に近いものと見ることができるかということです。

死刑基準と人命尊重の関係からすれば、厳密な意味で人命が失われたかどうかが問題にされなければなりません。死亡の結果が生じた場合と、とにもかくにも、そこまで至らず人命が失われなかった場合とは、やはり峻別されることになります。ここから、今のような事例は、死刑の基準の関係では、あくまで一人殺害の事案として扱われます。

共犯事例では主犯かどうかが分かれ目

共犯の事例では、死刑の適用に当たって共犯特有の問題を生じます。

一つには、三人以上殺害の事案であっても、従属的な立場の共犯者は死刑を免れるということがあります。これは、共犯事例では、主犯が犯行を主導し、ほかの者は主犯に引きずられたと見られる場合があり、そのような場合には引きずられて殺人者となった者まで死刑にはしないという扱いです。

その端的な例は、前章でも出てきた**北九州・同居家族ら連続監禁殺害事件（平成八～一〇**

年）に見られます。この事件は、その特異性がマスコミでも話題になりましたが、六人殺害の事案でした。

この裁判の一審では、起訴された男女二人に対して死刑が言い渡されました。しかし、二審では、従属的な立場の女性被告人については、死刑を取り消し、無期懲役の判決を言い渡しています（福岡高裁平成一九年九月二六日判決）。

もう一つ別の側面でも、共犯特有の問題があります。

それは、共犯者間に役割の違いがない場合（どちらが主でどちらが従とも言えない場合）には、一人殺害の事案で二人以上が死刑になることもあり得るということです。なぜかと言えば、このような場合は、共犯者間で、いわばよってたかって行っているわけですが、よってたかって行ったことで罪が軽くなるはずはないからです。

実際の例としては、前章で出てきた**小倉・資産家病院長バラバラ殺人事件（昭和五四年）**がありあます。この事件は一人殺害の強盗殺人で、強盗殺人としても特に犯情が悪いため死刑判決が下されたわけですが、共犯者二名は二人とも死刑になっています。

最近のものでは、**名古屋・闇サイト強盗殺人事件（平成一九年）**があります。やはり、一人殺害の強盗殺人で特に犯情が悪かったケースでしたが、この事件の一審の裁判では、犯人三名のうち二名に死刑判決が下されています。

第三章 死刑判決の観点

死刑の基準の裏にある二つの基本的観点とは

前章では、死刑の基準について見ました。

裁く側の恣意を防止するため、あるいは裁かれる側の公平性の確保のために、基準はなければなりませんが、基準が存在し、それを適用したというだけでは、十分ではありません。

次には、その基準がどのような基本的な考え方に立脚しているのかが問われることになるとともに、その基本的観点が正当であることが示されなければならないでしょう。

ところで、前に、日本の裁判で死刑に関する判断基準を示したものに、永山事件の最高裁判所判決（永山基準）があると言いました。

それによれば、

「①犯行の罪質、②動機、③態様、ことに殺害の執拗性・残虐性、④結果の重大性、ことに殺害された被害者の数、⑤遺族の被害感情、⑥社会的影響、⑦犯人の年齢、⑧前科、⑨犯行後の情状など」

を勘案して決めるということになっていました。

これだけでは、あらゆる事柄を考慮して決めると言っているに等しく、基本となるべき観点も、また、どこに判断の際の重点があるのかも窺えません。

そこで、これ以外の最高裁判例や下級審の裁判例も見渡してみる必要が出てきますが、それらを総合した場合、これまで実際の死刑判断において重点が置かれてきたのは、右の①〜⑨のうち、③の犯行態様に含まれる「犯行の計画性」と⑧の「前科」であると言えます。

そして、何が死刑判断の基本となっていたかと言えば、それは、「抜きがたい犯罪傾向」の有無であると言うことができます。

もちろん、右の①〜⑨のうち、④の「被害者の数」は大前提として、また、⑦に関係する「未成年」かどうかという点は別論としてのことです。そういう当然とも言うべき前提は前提として取ったうえで、では、死刑判断の重点はどこにあったか、その基本的観点は何だったかと言えば、今述べたようになります。

これが裁判の主流ですが、最近、これとは異なる判決例も出てきました。それは、犯罪被害を重視し、「犯罪被害の極限性」という観点を死刑判断の基本とするものです。

以下では、これら二つの基本的観点を取り上げ、その意義を明らかにするとともに、それらの基本的観点がどのような社会の姿を念頭に置いているのか、などについても見ていくことにしましょう。

「抜きがたい犯罪傾向」という観点

これまでの死刑基準の源流には、「抜きがたい犯罪傾向」という観点があります。

ここで言う「抜きがたい犯罪傾向」とは、単なる一般的な犯罪傾向のことではありません。重罪についての犯罪傾向でもありません。「人を殺すことなかれ」――殺人に限定しての犯罪傾向のことです。「殺人の抜きがたい犯罪傾向」を指しています。

この観点から、前章で出てきた死刑の基準をあらためて振り返ってみましょう。日本の裁判では、一人殺害で死刑となるのは、身代金目的誘拐殺人、保険金殺人、強盗殺人にほぼ限定されているということが出てきました。これは、「犯行の計画性」と「金銭目的」という二つの事柄にかかわります。いずれも、「抜きがたい犯罪傾向」と親和性を持つものと言えるでしょう。

次に、死刑には前科の問題もありました。

前科があるために一人殺害で死刑となる場合があるわけですが、なぜ前科の存在が死刑に結び付くかと言えば、二度目であることで、「抜きがたい犯罪傾向」あり、と見られるからです。前に一度殺人を犯し、二度目の殺人であることで、「殺人の抜きがたい犯罪傾向」あり、とされるわけです。この場合の「前科の考慮」は、「抜きがたい犯罪傾向」の有無を見極めるために行われているのです。そして、そう見極められたときに死刑という結論が導かれます。

とりわけ、これは、有期懲役の前科（同種の重大前科）で死刑になる場合には顕著です。前科が無期懲役であれば、まだ、刑を一歩進めざるを得ないということで死刑の理由を説明できるかもしれません。しかし、有期懲役の前科で死刑にする場合は、無期懲役を飛び越えるわけですから、理由は「抜きがたい犯罪傾向」以外にはありません。

二人殺害の場合に移りましょう。

この場合には、死刑の適用を決める二次的な基準として、「機会の同一性」と呼ばれるものがありました。

これは、同一の機会に二人殺害したか、機会を異にして二人殺害したかという区別ですが、後者（連続型）のほうが前者（同時型）より一層救い難いとされて、これが死刑かどうかを分けることがあるわけです。どういう理由でこのような区別をするかというと、機会を異にして二人殺害した場合は、犯行を二度繰り返したということで、同一の機会に二人殺害したのに比べて、それだけ犯罪傾向が強いという見方にほかなりません。二度繰り返したということは、はっきりした犯罪傾向を示しているという考え方です。

前章では、「機会の同一性」を満たす場合には（同時型）、少なからぬ事件が二人殺害でも死刑ではなく無期懲役となっていることを実例で見ました。そして、その中には、あまり情状が良くないケースが含まれていることも見ました。

にもかかわらず、どうしてこうなるかと言えば、それは、これらの場合には、「抜きがたい犯罪傾向」あり、とは認められなかったからです。二人殺害であっても、同時型であれば、そこまでは、はっきりとは認められないということがあり得ます。一回的に暴発したということがあり得るわけです。「抜きがたい犯罪傾向」がはっきりと認められないのであれば、今までの考え方のもとでは死刑にはできません。

これに対して、「機会の同一性」を満たさない場合は（連続型）、それは巷間言われるところの連続殺人になるわけですが、殺人を繰り返しているわけで、いきおい、「殺人の抜きがたい犯罪傾向」あり、となっていきます。どのような理由にせよ、殺人を繰り返したということであれば、もはや「人殺しも厭《いと》わない」となってしまっているのではないかという見方です。まさに「抜きがたい犯罪傾向」と直結するものです。

要するに、同じく二人殺害の場合でも同時型か連続型かで分けて考えるのは、「抜きがたい犯罪傾向」の観点からくるものにほかなりません。

「抜きがたい犯罪傾向」の観点と社会の姿

では、以上のような考え方が、これまでの日本の裁判のあり方だとすれば、それは、社会の姿としてはどのようなものを想定しているのでしょうか。

ここで想定されている社会の姿は、「安全な社会」ということになります。「殺人の抜きがたい犯罪傾向」のある者を死刑にすれば、それによって、一定程度、市民の安全が確保されることは事実でしょう。たとえば、連続殺人の場合が顕著です。連続殺人者は善良な市民にとって大変な脅威であり、連続殺人が起これば市民の間に大きな不安が生ずることになります。

割り切って言ってしまえば、そのような不安や脅威を取り除くために、そのための手段として死刑を用いるということです。

もう少し情緒的に表現するなら、私たちの社会は、最低限、自分自身や子供や配偶者や親兄弟などの生命が平穏に保たれるようなものでなければならないわけですが、「殺人の抜きがたい犯罪傾向」がある者は、そういう社会のあり方とは根本的に相容れないのだということでしょう。

いわば、「安全な社会という現代の日本社会のあり方と矛盾する者は、その存在を社会の側から否定される」、それがわれわれの社会であり、日本という国家のかたちなのだと。そのような社会の姿が念頭に置かれていると言ってよいでしょう。

「抜きがたい犯罪傾向」と人間観

さて、このような発想は、裁判の手法としては、安全な社会の実現のために、それと矛盾する構成員を切り捨てるというやり方になりがちです。極論すれば、危険分子の切り捨てです。また、人間に対する見方としては、かなり冷たい見方になっていきます。

これは、実際の死刑判決例を見るとよくわかります。
たとえば、

・「残虐な行為も比較的淡々となし得ることが明らかであり、再び同種の犯行を行っていること、すでに六〇歳を越えていること、今後改善に協力する肉親もいないこと等からすると、人格を変容し、犯罪傾向を改善する見込みがあるとは到底いえない」「よって、被告人を死刑に処する」（岡山地裁平成一五年五月二一日判決）

・「仮釈放後、新聞配達や清掃業に従事して遊興にふけることもなく自立した生活を送っていたことは認められるけれども、結局において、仮釈放後短期間のうちに前件と極めて類似する本件犯行に及んでいることから考えると、被告人の反社会性、犯罪性ははなはだ強固」「被告人が反省の態度を示していることはそのとおりであるが、その反省は遅きに失したというべき」だから、死刑に処すのもやむを得ない（広島高裁岡山支部平成一六年二月二五日判決）

・「再び同種の犯行に及んだものであり、被告人の危険で進んだ犯罪性向を示すものといえ、さらに全く反省していない」から、「被告人に対しては極刑をもって臨むしかない」（岐阜地裁平成一九年二月二三日判決）

・「被告人には前刑の罪に対する真摯な改悛の情も贖罪の意識もうかがわれない」「そして、その後は人を殺害することに対する抵抗感も鈍麻し」「冷酷非情な犯罪性向は極めて深いといわざるを得ず、その改善更生の余地を見出すのは困難である」から、「反省の態度を示していることを考慮しても、極刑をもって臨むほかない」（千葉地裁平成一八年一二月一九日判決）

・「被告人の犯罪傾向は非常に強固で動かし難いものであり、年齢的には現在二三歳と若年であるとはいえ、その特異な犯罪傾向が改善される見込みは乏しく」「極刑をもって臨むほかない」（大阪地裁平成一八年一二月一三日判決）

・「被告人の冷酷非情な人間性、反社会性は他に例を見ないと言っても過言ではない」「人間的な情愛の片鱗さえ窺うことができない」「被告人の態度からは微塵も改悛の情を認めることはできない」「被告人には前科はなく、犯行時は二一歳で社会的にも精神的にも未熟であったことなどを考慮しても、死刑をもって臨むほかない」（水戸地裁下妻支部平成六年七月六日判決）

・「被告人はその犯罪性向を急激に深化させている。被告人の態度に照らすと、自己中心的かつ身勝手な考え方や行動傾向がさらに根深くなっているというほかなく」「被告人に対しては死刑をもって臨むしかない」（福岡地裁平成一八年一一月一三日判決）

・「被告人は長期の矯正教育を受けたにもかかわらず、その犯罪的な性向は改まらず、被告人の反社会的性格、犯罪性向はすでにその極限に達している」「死刑をもって臨むほかない」（東京高裁平成二三年五月一七日判決）
・「極めて得手勝手で自己中心的であり、他者への思いやりや共感性が極端に欠如し、他人の痛みや苦しみには無関心であるという非常に利己的で情感の欠如した冷血な人格傾向が認められる」「被告人についてはもはや極刑以外の選択の余地は存しない」（仙台高裁平成一六年二月一九日判決）

などなどです。

いわば、これまでの裁判の死刑の宣告は、被告人に対して、「生きる資格がない」と断ずるようなものだったのです。

この場合の死刑判断は、要は、被告人の人間としての否定的な面に着目し、被告人自身の中に究極のマイナスの内面傾向と言うべき「殺人の抜きがたい犯罪傾向」がはっきりと捉えられたとき、それで死刑とするものです。

一人の人間に対して、徹底的に冷たい見方をして、そして切り捨てるというやり方にならざるを得ません。

新しい死刑裁判の流れとは

最近、大きな話題を呼んだものに、光市の母子殺害事件があります。

光市のこの事件では、よく知られているように、殺害された女性の夫であり、赤ん坊の父親でもある被害者遺族が、被害者側の心情を切々と訴え、死刑を求めていました。

この男性の訴えに共感した市民が多かったのは、「もし自分の家族が被害者だったら」と考えたとき、同じ思いになるに違いないと感じられたからでしょう。こういう市民の共感は自然で人間的なものと言えます。

そういう自然な市民感情に影響されたものなのか、近年では、先ほど見たような伝統的な考え方とは明らかに傾向の違った新しい判決例も現れてきています。

まず、今触れた光市母子殺害事件の最高裁判決があります。

この事件は、少年が婦女暴行目的で社宅に侵入して若い主婦を襲い、主婦から抵抗されると相手を絞め殺し、そのうえ、傍らで泣いていた赤ん坊まで床に叩きつけて殺害したという事案でしたから、犯罪被害という点では尋常ならざるものがありました。被害者遺族からすれば、被害者の尊厳を極限まで踏みにじったものということになるでしょう。その意味では、その悪質性は死刑に値すると言えるかもしれません。

けれども、前述の「抜きがたい犯罪傾向」という点では、被告人はまだ一八歳の少年で、計画性自体も認められませんでしたから、死刑にすることには大きな疑問が出てきます（計画性が認められないというのは、抵抗されたために殺意を生じており、最初から殺害を考えて侵入したわけではないことを指します）。

また、二人殺害の事案に関する「同時型」「連続型」の区別で言えば、同時型殺人でした。被告人には前科もありませんでした。

少年法では、一八歳未満の少年の場合は、何人殺害しようとも、また、どのようなひどい方法で殺害しようとも、死刑を科すことはできないと定められていますが、これは一八歳未満なら誰にでも更生の可能性があるという考え方にほかなりません。言い換えれば、一八歳未満の者については、「抜きがたい犯罪傾向」があるとは絶対に言えないということです。こういう法の精神に照らしてみても、光市の事件の被告人を評して「抜きがたい犯罪傾向」があると断ずることはできないでしょう。

ですから、この事件は、従来の考え方では死刑になりようがないものだったとも言えます。一審、二審ともに無期懲役の結論となったのは、ある意味では当然だったのです。

最高裁ではその無期懲役の判決は破棄されて差し戻しとなり、差戻審では死刑判決が出ましたが、これは、死刑判断の基礎として、今までとは違う考え方を取ったということです。死刑判断の観点が今までとは変化したということを意味します。

また、第一章では、**三島・女子短大生暴行焼殺事件（平成一四年）**というのが出てきましたが、この事件の最高裁判決もそうです。

これは、帰宅途中の女子短大生を車に押し込んで暴行し、最後には被害者に頭から灯油を浴びせて火をつけたという残虐な事件でしたが、計画性は認められない事案でした（殺害に至るまでのかなりの間、殺害するか解放するか迷い、躊躇していました）。

この事件では、一審は無期懲役でしたが、二審では死刑となり、その死刑判決は最高裁でも支持されました（最高裁判所平成二〇年二月二九日判決）。

すでに見てきたとおり、一人殺害で死刑判決というのは異例です。一審判決が無期懲役としたのは、もともと一人殺害での死刑判決は異例のうえ、計画性の点では十分なものは認められませんでしたから、これまでの「抜きがたい犯罪傾向」という観点からは、むしろ当然だったのです。

この事件の二審判決や最高裁判決は、犯行の残虐性という観点から死刑としたものですが、その判断の基礎には従来の考え方とは違うものが窺えます。

さらに、**奈良・小学女子児童誘拐殺人事件（平成一六年）**の判決があります。

これは、小学女子児童をわいせつ目的で誘拐して殺害した事件でしたが、やはり計画性は認められない事案でした（はじめから殺すつもりで誘拐したわけではなく、誘拐した後犯行が発覚することをおそれて殺意を生じています）。

しかし、この事件では、よく知られているように、犯人は殺害後、ケータイで女子児童の遺体を写して児童の親に送信したり、次は女子児童の妹を誘拐するというメールを送信したり、わいせつ目的で被害者の遺体を損壊したりといった異常な行為を繰り返していました。そのため、死刑が言い渡されました（奈良地裁平成一八年九月二六日判決）。

これも、一人殺害で死刑になったという点では異例です。前に身代金目的誘拐殺人事件では一人殺害で死刑になるのも稀ではないということが出てきましたが、それはあくまで身代金目的の場合であって、わいせつ目的誘拐殺人事件の場合はそうは言えません。

犯罪傾向にしても、死刑の適用のポイントとなる「抜きがたい犯罪傾向」あり、とするのは無理があります。ここで問題となる「抜きがたい犯罪傾向」というのは、性犯罪の犯罪傾向ではなく、殺人の犯罪傾向のことなのですから。

この事件は、動機や行動に異常な猟奇性が認められるうえに被害者が小さな子供ということがあり、いわば、そうした特殊な悪質性から死刑判断に至ったものと言えるでしょう。ここでも、従来とは違う考え方が窺えます。

「犯罪被害の極限性」という観点

これらの判決例は、「抜きがたい犯罪傾向」ではなく、「犯罪被害」を死刑判断の主要観点とするものと言っていいでしょう。これは、前記の永山基準で言えば、そこに出てきた①〜⑨のうち、④結果の重大性（に含まれる被害の深刻性）と⑤遺族の被害感情に重点を置くものです。

これまでは、「抜きがたい犯罪傾向」が重視されてきたと言いましたが、これに対して、市民的な感覚からは、市民の一人である犯罪被害者の立場に寄り添うことが重要になります。被告人の犯罪傾向がどうのと言うより、被告人が被害者にどのようなことをしたのか、被害者の生命や尊厳に対してどのようなことをしたのかが重要になってきます。

それは、直接的には、もっと被害者の立場に立ち、犯罪被害を重視するということですが、大きな観点で見れば、市民的な感覚の重視ということになるでしょう。ですから、最近出てきた「犯罪被害」を重視する新しい傾向は、裁判員制度の実施をにらんだものと言えるかもしれません。裁判所自体が、従来の国家的な感覚から市民的な感覚へシフトしようとしているのです。

象徴的に言えば、「抜きがたい犯罪傾向」ではなく、「犯罪被害」がここでのキーワードになります。

もちろん、「犯罪被害」といっても、犯罪被害一般を指すのではありません。被害者の生命を奪い、その尊厳を破壊するような極限的な犯罪被害のことを意味します。

そして、そうであれば、被害者の生命のみならずその尊厳までを奪うようなことをした者は、生命を奪われる死刑以上のことをしでかしているのですから、死刑に処せられてもやむを得ないという考え方ができるわけです。

また、現にそういう極限的な被害が認められるのであれば、被害者（＝被害者遺族）の心情を尊重して、死刑を求める被害者感情をそのまま通すべきだということにもなるでしょう。

「犯罪被害の極限性」の観点と社会の姿

では、このような「犯罪被害」を重視する考え方は、社会の姿としてはどのような社会を想定しているのでしょうか。

ここでは、死刑は、被害感情を満足させるために用いられています。失われた被害者の命は死刑によっても戻らないわけですから、ここで目に見える形で回復するものは何もありません。ですから、何のための死刑かと言えば、遺族の被害感情を満足させるためということになります。

もう少し情緒的に言うなら、死刑によって被害者の命は戻らないとしても、被害者の尊厳は回復するということなのかもしれません。

ともかく、この場合の社会のあり方は、犯罪被害者への共感を中心とした「共感の社会」ということになるでしょう。

ただ、「共感の社会」とは言っても、それはあくまで被害者に対する共感です。そのため、この考え方は、自ずと厳罰化を招くことになりがちです。結局、この場合の社会の姿は、厳罰主義への流れを許容する「共感の社会」となります。

これから死刑の基準はどう変わるか

このような新しい考え方に立った場合、これまでの死刑の基準も変わっていきます。

まず、犯行の計画性を重視する理由はなくなります。

犯罪被害者からすれば、犯行が計画的に行われたものか衝動的に起こされたものかは、あまり意味がないことです。計画的な殺人であろうと衝動的な殺人であろうと被害に変わりはないからです。計画的な殺人は被害者のダメージが大きくて、衝動的な殺人は被害者のダメージが小さいなどということは言えません。

むしろ、計画性の代わりに、残虐性や猟奇性（奈良の小学女子児童誘拐殺人事件におけるような悪質性）が重視されることになっていきます。犯罪被害という点では、どれだけ残虐な殺され方をしたのか、どれだけひどい目に遭ったのかということが重要になるからです。

次に、前科と死刑という問題についてです。

前に、一人殺害で前科があるために死刑になる場合が出てきました。しかし、被害者サイドからすれば、被告人の前科を考慮することもあまり意味がないことでしょう。被告人に前科があるからといって被害者のダメージが大きくなるわけではありません。前科があるために被告人を死刑にする理由はなくなってきます。

二人殺害の場合における「機会の同一性」の基準も再検討を免れません。

犯罪被害という点からすれば、一度に二人殺害されたケースのほうが被害感情は厳しいことが多いからです。これは、光市の母子殺害事件で妻子をいっぺんに失った男性のことを考えればよくわかります。被害感情という点では、むしろ逆なのです。二人殺害の事案で「同時型」と「連続型」を区別する意義も失われることになるでしょう。

以上を通じて、この場合の死刑の基準に関して言えば、計画性の代わりに残虐性や猟奇性が重視されることになる点で、全体として厳罰化の方向に流れる可能性を含んでいます。良し悪しは別として、従来は、「抜きがたい犯罪傾向」の観点から、死刑を決定付ける「計画性」には相当に厳密なものが要求されてきましたが、この要件が外れるからです。

二〇一〇年一一月には、仙台の少年事件の裁判員裁判で死刑判決が出されました。この事件は、一八歳の少年が以前付き合っていた女友達を取り返すためにその姉など二人を殺害したというものでしたから、全く無関係の二人を犠牲にした光市母子殺害事件ともかなりニュアンスの違うところがありました。光市母子殺害事件の最高裁判決と比べても、相当隔たりのある、突出した判断との感は拭えません。

仙台の事件では、二人殺害のほか、さらに一人に重傷を負わせていましたが、その一年ほど前には、自分の家族三人を殺害した少年に対して無期懲役とする判決が出ていました（青森地裁平成二一年三月二七日判決）。

個別の裁判員裁判の中身について、その当否を云々することはできませんが、後悔と禍根を残さないためにも、これまでの流れを含めた死刑裁判の全体像を把握しておく必要はあるでしょう。そのうえで、市民感覚による決断をすることが大事なのでしょう。

第四章 死刑判決と正義

死刑に終身刑を超える必要性はあるか

前章では、死刑の基本的な観点について見ました。ここでは、さらに、その上流に遡って、今見た基本的な観点が本当に妥当するものなのかを検討していきます。

そして、ともすれば、正義の実現のためには死刑が必要だと直感的に考えられがちなところを問い直します。本当に死刑判決に正義があるのか、それを根本的なところから問い、死刑の存在理由を突き詰めていくことにしましょう。

第一章では、これまでに死刑判決が言い渡された残虐な事件、凶悪な事件、冷酷な事件の数々を見てきました。こういう重大事件に死刑をもって臨もうとするとき、自然に頭に浮かぶのは、「正義の実現のために死刑にする」という観念に違いありません。

しかし、そのためには、まず、死刑の必要性が確かめられなければなりません。もし、刑罰としての死刑に必要性がないのであれば、それは不必要に命を奪うことになります。不必要に命を奪うことが「正義」と言えるはずはありません。

死刑の必要性については、終身刑との対比で検討すると問題の所在が一番はっきりすると言われています。

法制度として終身刑を持たない国も少なくありませんが、死刑について純粋な意味での必要性を問題にするのであれば、終身刑との対比は避けて通れません。死刑で命を奪う前に、命が尽きるまで一生涯、刑務所の中に入れておく終身刑ではなぜ足りないのかが問われなければなりません。

死刑廃止論者として有名な刑法学者ベッカリーア（一七三八―一七九四）は、「最も大きな効果を及ぼすのは、刑罰の強さ（＝死刑）ではなくて刑罰の長さ（＝終身刑）である」として、終身刑の優位という観点から死刑を否定しました。

ベッカリーアによれば、重罪人を死刑にしてしまうより、終身刑にして生涯懲役に服させたほうが、被害者への賠償も行われ、有効だとされます。また、一瞬で死刑にしてしまうより、一生涯罪に服させたほうが、人々の意識にも長く残ることになり、犯罪の一般的な予防が期待できるとされます。

実際、二〇世紀後半から今世紀にかけて、死刑には、思ったような犯罪防止の効果もみせしめの効果もないことが半ばあからさまになってしまった観があります。

それは、この五〇年ほどの間にヨーロッパ諸国で死刑廃止が相次ぐ中で、死刑廃止前と廃止後で統計的に凶悪犯罪の数があまり変わらなかったことによります。これは、ヨーロッパ諸国だけでなく、カナダやオーストラリアなど、そのほかの地域の死刑廃止国においても同様でした。

また、アメリカでは死刑廃止に踏み切った州と死刑を存続させた州とに分かれる中で、存廃いずれの州でも凶悪犯罪の数が大きく変わらなかったという事実もありました。

死刑の犯罪抑止効果に関する研究も多数行われていますが、明確な形で抑止効果を実証できたものは、まだ現れていません。

ベッカリーアの強調するように、終身刑のほうが効果があるとまで言えるかはともかく、死刑と終身刑で犯罪抑止効果に大きな差があるとは、とても思えません。「死刑になるなら犯罪を思いとどまるが、終身刑ならかまわない」と考えて凶悪犯罪を犯すような者が、そうそういるわけはありません。

また、被害者への賠償という点では、終身刑のほうが優れていることも否定しようがないでしょう。もちろん、それが重要な事柄かどうかは別です。また、加害者を生きながらえさせ、賠償させることが本当に被害者の望むことなのかどうかも疑問があります。

けれども、生きながらえるにしても、「命が尽きるまで一生涯、刑務所の中」ということであれば、被害感情もかなり納まりがつくのではないかということは言えるでしょう。

こうしてみると、終身刑ではなぜ足りないのかという問いに対して、簡単には死刑肯定の側からの答えが出てこないことがわかります。

ところで、日本の刑法では、死刑の次に重いのは無期懲役で、終身刑は存在しません。

日本の無期懲役には仮釈放が認められていて、統計上は、二十数年で仮釈放となっています（仮釈放者の在所年数平均）。「死ぬまで刑務所」となる終身刑とは大きく異なるわけです。

終身刑があるかないかは、死刑をめぐる議論に大きな影響を与えます。

死刑か無期懲役かという二者択一で考えなければならないとすれば、終身刑がある場合と比べて、いきおい、死刑にしなければならない範囲は広がるでしょう。

たとえば、死刑の次に重い刑が無期懲役ということになると、死刑にしないことは、同時に社会復帰の可能性を意味することになります。これは、どのような社会であるべきかという観点に大きく影響します。法制度として終身刑を持たず、いずれ社会に出てくる無期懲役しかないということになると、あるべき社会を実現させるために、重罪人の扱いとして死刑を用いざるを得ないということが考えられます。再び殺人を犯すかもしれない重罪人が無期懲役で将来社会に出てきてもよいと割り切ることは、とてもできないでしょう。

こうして、わが国の法制上も終身刑が必要ではないかということが大議論となるわけです。たった今、わが国では終身刑は存在しないと述べたばかりですが、実は、実際の日本の司法は、これとはかなりニュアンスの違う形で動いています。

これまで、わが国の裁判実務には、事実上の終身刑とも言うべき特殊な判決の仕方がありました。それは、仮釈放を許すべきではないという条件を付けて無期懲役の判決を下すものです。

仮釈放がない無期懲役というのは、結局、終身刑と同じことになります。

これは、もう少し厳密に言うと、次のようなことです。

日本の裁判実務では、例外的取り扱いとして、無期懲役の判決を言い渡す際に、判決文の中で、仮釈放を許すべきではないという注文をつけることがあります。このような場合、仮釈放はどうなるかというと、この「仮釈放なし」の条件付き判決も、厳密に法的には、普通の無期懲役の判決と同じで、「仮釈放なし」の部分には勧告的意味しかないということになっています。しかし、実際上は、その趣旨は仮釈放の決定を行う行刑《ぎょうけい》当局によって例外なく尊重されています。

つまり、結局のところ、この「仮釈放なし」の条件付き判決の場合には、その法的性質にもかかわらず、仮釈放は事実上なくなり、その刑は終身刑と同じになるのです。

このような無期懲役判決の実例としては、オウム真理教事件の元教団幹部の一人に対する判決があります（東京高裁平成一五年九月二五日判決）。オウム真理教をめぐっては、地下鉄サリン事件などで教団幹部一四名に死刑が求刑されましたが、これは、そのうち唯一死刑にならなかったもので、その判決では「仮釈放を認めない終身に近い無期懲役、事実上の終身刑が相当」と述べられています。

もともと、日本の刑法には、条文上、終身刑の規定はなく、法制度としては、正規の刑罰は、死刑、無期懲役ということになっています。ところが、現状は違うのです。わが国では、ここ二〇年来の裁判の実務を通して、本来の刑罰体系に事実上の変更を加え、法律ではなく裁判で一種の終身刑を作り出しているわけです。

ですから、この「仮釈放なし」の条件付き無期懲役判決というのは、かなり変則的なやり方で、いわば、特殊な奥の手のようなものになります。

しかし、ともかく、実際の裁判実務において、このような手法が現に行われています。すでに、裁判のツールとして、こういうものが存在し、実際に用いられています。

したがって、日本で死刑をめぐる議論をする場合には、この「事実上の終身刑」のことを念頭に置く必要があるのです。

「安全な社会のために」は、死刑判決の理由になるか

前章では、死刑判断の基本的な観点に「抜きがたい犯罪傾向」と「犯罪被害」の二つがあることを見ました。ここでは、ベッカリーアの問いかけを頭の片隅に置きながら、あらためて、これらの観点が本当に死刑を選択する基本的観点になり得るものなのか検討していきましょう。

まずは、「抜きがたい犯罪傾向」についてです。

ここで想定されている社会の姿は、自分自身や子供や配偶者や親兄弟などの生命が平穏に保

たれるような「安全な社会」であり、要点を一言で言えば、「安全な社会」のためには、「抜きがたい犯罪傾向」を消滅させなければならないということになります。

では、「抜きがたい犯罪傾向を消滅させるため」に、死刑でその人間まで消滅させるというのは、どうなのでしょうか。

これまでの裁判所の伝統的な考え方は、次のようなものだったと言えるでしょう。

ここでの犯罪傾向は、通常の意味での一般的な犯罪傾向のことではありません。殺人を行う抜きがたい犯罪傾向が念頭に置かれています。殺人の犯罪傾向がはっきりと認められる者をわれわれの社会の中でどう扱うかという問題になります。そうであれば、仮釈放の認められている無期懲役では、このような犯罪傾向がある者への対処としては不十分だと言わざるを得ません。普通に考えれば、殺人の抜きがたい犯罪傾向がある者を仮釈放で再び社会に出すことはできないでしょう。その結果、死刑とすることもやむを得ないという結論が導かれます。

けれども、これは、死刑と無期懲役という二つの正規の刑罰の中で考えた場合のことです。あくまで正規の刑罰だけで見た場合のことです。

今の日本の裁判実務では、前項で触れたように、非正規的ながら、「事実上の終身刑判決」というものがあります。無期懲役でも仮釈放を許さないという希望条件をつけた判決ができます。これを考慮に入れなければなりません。

それでは、この「事実上の終身刑判決」を考慮に入れた場合はどうなるでしょうか。その場合、「抜きがたい犯罪傾向を消滅させるため」に死刑を適用する理由はなくなるでしょう。抜きがたい犯罪傾向を封印するためには、事実上の終身刑判決で十分だからです。そのためには、一生涯刑務所に入れておくことで十分なはずです。

たしかに、私たちの社会は、最低限、自分や子供や配偶者や親兄弟などの生命が平穏に保たれるような社会でなければならないでしょう。しかし、そうだとしても、そういう社会を実現するためには、終身刑で十分なはずです。「抜きがたい犯罪傾向を消滅させるため」にその人間まで消滅させる必要は、何もありません。それは明らかに過剰であり、不必要です。

第一章では、戦後の日本の死刑判決を五つの時期に分けて概観しました。

わが国の裁判実務で「事実上の終身刑判決」が定着したのは、平成に入ってからのことですが、「抜きがたい犯罪傾向を消滅させるため」というのは、その前の時代の死刑の理由を引き摺っているものと言えるのです。

実は、「抜きがたい犯罪傾向を消滅させるため」というのは、今現在の死刑の理由としては大いに疑わしいわけです。この観点からする死刑には、必要性自体が認められないと言ってもよいでしょう。

「殺された被害者のために」は、死刑判決の理由になるか

それでは、もう一つの死刑判断の基本的観点、「犯罪被害」のほうはどうでしょうか。
ここでの「犯罪被害」というのは、被害者の生命を奪い、その尊厳まで破壊するような極限的な犯罪被害のことを意味しています。ですから、被害者の生命と尊厳を徹底的に破壊するようなことをした者は死刑に処せられてもやむを得ないということは、一見すると言えるように思えます。被害者の生命のみならずその尊厳まで奪うようなことをした者は、生命を奪われる死刑以上のことをしでかしているのですから。

けれども、もう少し厳密に、事実上の終身刑判決を念頭に入れて、これとの対比で考えてみたらどうでしょうか。一生涯刑務所に入れておくことでは足りないのでしょうか。被害者の生命と尊厳を破壊するようなことをした者に対して、一生涯刑務所に入れておくことでは足りないと言えるでしょうか。

一生涯、命が尽きるまで刑務所の中です。言い方はよくありませんが、死ぬまで檻の中です。この場合に、これでは足りなくて、死刑にしなければならないというのは、死ぬまでずっと檻の中に置いておくのでは足りなくて、檻の中から引きずり出して、今すぐ死なせなければならないということです。

しかし、そうすることが正義なのでしょうか。いかに被害者の生命と尊厳が徹底的に破壊さ

れたような場合であっても、そうしなければ、どうしても正義が実現しないのでしょうか。

　被害者遺族からは、もしかしたら、「今すぐ死なせるのでなければ、どうしても被害感情は納まらない」という声が上がるかもしれません。被害感情としてはそうかもしれません。けれども、それでも、「今すぐ死なせるのでなければ、どうしても社会正義が実現しない」とまでは言えないでしょう。

　被害者（遺族）が被害の悲惨さのゆえに「死刑しかない」と言うのはわかるにしても、被害感情と社会の中の正義とは、紙一重のところで違うのかもしれません。

　ここで、この問題を具体的な例を通して見てみましょう。

　一九九九年に開かれたイリノイ州の死刑に関する諮問委員会の公聴会の結果によれば、重大凶悪事件の被害者の多くが、犯人の処刑によって安堵感を味わったと述べたとのことです。アメリカの場合、州によっては死刑執行の場に遺族が立ち会うことができるわけですが、実際に処刑に立ち会って死刑を目の当たりにした遺族の多くが、こう述べているという事実があります。死刑は、現に、遺族の悲しみに終止符を打つ区切りになっているわけです。処刑の結果、「新たな心理的動揺を覚えた」とか、「思ったほど救われた気持ちにならなかった」と述べた人はわずかだったということです（スコット・トゥロー『極刑―死刑をめぐる一法律家の思索』〔指宿信・岩川直子訳〕岩波書店）。

これが、犯罪被害者にとっての真実であることは否定できません。

しかし、他方では、一九八二年のクリスマス直前に起きたフェルトマン事件のような例もあります。ハリウッドの映画脚本家だったノーマン・フェルトマンの娘とその赤ん坊（フェルトマンの孫）がメッタ刺しにされて殺された事件でしたが、フェルトマンは事件を知った直後から一貫して死刑に反対しました。

この事件は、三人組の男がフェルトマンの娘の家に侵入して、屋内を荒らし回り、最後には母子を刺殺したものでしたが、その殺害状況は、赤ん坊の命乞いをする若い母親の目の前で赤ん坊を刺し殺し、母親のほうをレイプしてからメッタ刺しにするという凄惨極まるものでした。

それでも、フェルトマンは、犯人が死刑になるより終身刑になるほうが多くの可能性をもたらすと言い、「それは心の問題だ」と述べています。

どうしたら、ここまでの心境になれるのでしょうか。それはわかりませんが、これもまた、犯罪被害者にとっての真実なのでしょう。この社会には、現実に、こういう心境になれる人が存在するわけです。

そうだとすれば、両方を包摂した社会全体としての「正義」は、やはり、前者のような復讐的な被害感情とは、わずかにせよ違わなければならないのでしょう。

一般に、被害感情と正義観念の関係については、次のように言われています。

もともと被害者側には復讐の権利があるとされていましたが、国家が成立して、刑罰や裁判制度が整備されるにつれて、私人の復讐は次第に制限されていき、近代国家では一般に復讐は禁止されています。

なぜ、私人の復讐を禁止する必要があったのかと言えば、それは復讐の連鎖を断ち切るためですが、これは、また、被害者の個人的な被害感情を国民の客観的な正義観念に洗練させ、法的確信にまで高めるためのものだったとも言われています。これによって、被害者の「主観的な被害感情、復讐本能」が、国民の「客観的な正義観念、法律的確信」に昇華したなどと考えられています。

言い換えれば、生の被害感情と正義観念を同一化することはできないわけです。もし、これを同一視した場合には、歴史を逆行する過ちを犯すことになるでしょう。

「犯罪被害」という事柄も、たとえ、それが被害者の生命とその尊厳を破壊するような極限的な犯罪被害だったとしても、実は、死刑の十分な理由になるか疑問があるのです。

先ほど出てきたフェルトマン事件では、フェルトマンは、死刑を求めない自分の心境をインタビューされて、犯人たちが養護施設で育ち、仕事もなく、街中をうろついて過ごすしかなかった、その生きがいの持ちようのない生活について触れ、殺人者をモンスターとして処刑しても自分たちの傷は癒されない、かえって傷口が広がるだけだという趣旨のことを述べています

（イアン・グレイ&モイラ・スタンレー『死刑★アメリカの現実』〔菊田幸一監訳〕恒友出版）。

ところで、「犯罪被害の極限性」という基本的観点では、そこで想定されている社会の姿は、犯罪被害者への共感を中心とした「共感の社会」でした。あるべき社会の姿として「共感の社会」はよいとしても、厳罰を求める被害者感情への共感に偏りすぎるとすれば、疑問が残るわけです。

「人命尊重を顧みない犯罪に対処するために」は、死刑判決の理由になるか

人命尊重や人権尊重の理念を顧みない犯罪に対しては、死刑で臨むしかないと言われることもあります。

これは、そういう犯罪に対しては、死刑をもって処断しなければ、人命尊重や人権尊重の理念自体が希薄化していくという見方です。人命尊重あるいは人権尊重が人間社会にとって最も大事な理念であり価値であるとすれば、その理念を貫き、その価値を守るために、死刑が必要だというものです。終身刑では、人間社会にとって最も大事なものが失われてしまうという考え方です。

このような考え方は、たしかに成り立つ余地があるかもしれません。

けれども、ここでは、見逃し得ない逆説が含まれています。人命尊重の理念のために、目の

前の人命を失わせるという逆説的な関係が見られます。あるいは、人権尊重の理念を理由に、目の前の人間存在を消滅させてその人権全部を無にするわけです。

ですから、このような議論を認めるとしても、犯人が何人もの人命を奪いながら、何も感じないというような極端なケースに限ってということになるでしょう（そうでないなら、一種のパラドックスに陥ってしまいます）。

たとえば、大阪の付属池田小学校児童殺傷事件のように、何人という児童の人命を奪いながら、「交通事故で大勢の人が死んでいるのと自分の事件とは変わりがない」「勉強ができる子でもいつ殺されるかしれないという不条理をわからせたかった」というのが犯人の本心であるとすれば、死刑しかないのかもしれません。そういう場合には、死刑にすることでしか、人命尊重とか人権尊重という理念は貫けないと考えることもできます。どのような理由で何人殺そうとも、その者の命だけ尊重するというわけにはいかないでしょう。このような場合は、正義の実現のために死刑が必要だと言ってもよいかもしれません。

その意味では、死刑の適用の余地を残しておかなければならない犯罪もあるのかもしれません。

しかし、この考え方によって死刑が認められるのは、右のような極端な場合に限られます。それ以外の場合は、むしろ、人命尊重の理念からする以上、人命を奪う死刑は許されないとしなければ一貫しません。あるいは、人権尊重の理念からして、その者の全人権を無にする死刑は許されないとなるはずです。

つまり、このような意味における死刑肯定論が成り立つとしても、その立場でも、ほとんどの場合には死刑は認められないということにならざるを得ないのです。

「法に死刑が定められている以上やむを得ない」は、死刑判決の理由になるか

日本の刑法には死刑が規定されています。法に死刑が定められている以上、死刑判決を下すことが予定されているように見えます。

ところが、グローバルに死刑制度を見た場合、必ずしもそうも言えないところがあります。死刑制度を世界的に見た場合、「死刑廃止国・死刑存置国」の分類があります。その中には、「事実上の死刑廃止国」というグルーピングがあります。事実上の廃止国というのは、制度としては死刑を残しているものの、通常犯罪についてこの一〇年来死刑を執行していない国、または死刑を執行しないことを国際的に表明している国のことを指します。

こういった形で、法制度としては死刑を持ちながら、事実上死刑を否定する国家慣行があるのです。

それには、どのような意味合いがあるのでしょうか。

一つには、法律に死刑を掲げておくことで、それに象徴的な意味を持たせることです。死刑を廃止してしまうと、「あらかじめ、自分の命だけは助かることを知って人殺しを敢行することもできる」「自分は殺されないで人を殺すことができる」ということにもなりかねません。そうならないための一つの方策です。

もう一つは、予測できない情勢の変化や類を見ない凶悪犯罪の出現に備えて、死刑を適用する余地を残しておくということです。

つまり、これは、死刑廃止論ではなくて死刑停止論です。ドグマティックな死刑廃止論では、法律から死刑を削除し、場合によっては憲法で死刑を廃止してしまいますが、プラクティカルな死刑停止論では法制上死刑は残します。そのうえで、個別的な実践によって死刑をできるだけ終身刑に代えていきます。

日本では、前に出てきたように、「事実上の終身刑判決」がありますから、これで死刑に代えることができます。

そして、それによって全面的に死刑を停止したとしても、日本の刑法に死刑が規定されていることと矛盾するわけではありません。

た。

死刑判決に含まれる絶対的不正義とは

第一章では、戦後日本の裁判においても、少なくない数の死刑冤罪が出ていることを見ました。

これらは、第一期（終戦直後から戦後復興期）に集中していますが、それ以降の時期においても、死刑冤罪の疑いを払拭できない事件は少なからず存在しています。これも、第一章で見てきました。

さなきだに、冤罪であっても、現実の裁判制度のもとでは、それが判明するまでには三〇年、あるいはそれ以上の年月を要すること、これまた、第一章で出てきた死刑冤罪の実例が知らしむるところです。

つまり、第二期以降のものは、まだ冤罪が明らかになる過程にあって、これから冤罪かどうかが本当の意味で判明していくものと見なければなりません。

そして、これまでの死刑冤罪の中には、松山事件のように、捜査機関による証拠のねつ造が行われ、ねつ造証拠によって死刑が言い渡されていたものさえありました。

最近、厚労省局長の郵便不正事件（結論は無罪）に関連して、特捜部の検事による証拠のねつ造が明るみに出ました。検察の特捜検事と言えば、これまでは捜査側では最も信頼できると考えられていたポジションです。

私たちは、思った以上に冤罪危険の大きな社会に暮らしているのかもしれません。

また、DNA鑑定をめぐる問題など、現在の刑事裁判を取り巻く状況は、死刑を恐怖の制度に転化する可能性を含んでいます。それは、罪を犯した犯罪者にとって恐怖であるというだけでなく、無関係であるはずの市民にとっても恐怖の制度になってしまうという意味においてです。

一九九〇年代に登場したDNA鑑定は、遺伝子の構造が人それぞれで異なることを利用して個人識別を行おうとするものですが、その新技術は、それまでの血液鑑定などとは違って、「何百万人に一人」「何千万人に一人」という超高度な絞り込みを可能にするもので、原理的には、実に、最大四兆分の一を超える確率までの絞り込みが可能であるとされています。

そのため、犯人識別のための画期的な技術と見られたわけですが、それとともに、かつてなかった恐るべき新種のウイルスが市民社会に持ち込まれることになりました。それは、DNA鑑定の登場によって、捜査機関による証拠のねつ造という問題も、全く質の違う新たな局面に入ってしまったことです。

DNA鑑定では、「何百万人に一人の確率で間違いない」とか「何千万人に一人の確率で間違いない」などといった結果が出されることから、逆に、全く無関係な者を犯人に仕立て上げることなど、いとも簡単にできるようになってしまいました。提出を受けた検体（血液、唾液など）をほんの少し、被害者の持ち物に付着しさえすれば、それだけで鉄壁の証拠が作り出されてしまいます。捜査機関がその気にさえなれば、完全犯罪ならぬ完全冤罪がインスタントで作り出せるということです。

現代を生きるわれわれにとって、謂れなき死刑冤罪に巻き込まれることを完全に防ごうと思えば、死刑を否定するほかないのかもしれません。

以上は現実論ですが、さらに、正義論との関係でも死刑は大きな問題を孕《はら》んでいます。正義を実現するはずの死刑に、「冤罪で死刑」という極端な不正義が含まれていることになるからです。

冤罪は、もちろん不正義ですが、死刑冤罪は、そのほかの単なる冤罪とも根本的に違っています。

無実の罪を晴らすことを雪冤《せつえん》と言いますが、死刑冤罪の場合は、不当に死刑にされることで雪冤の機会まで同時に圧殺されること、死刑にされた後ではもう取り返しがつかないことの二点で、そのほかの冤罪とは質を異にしています。冤罪が不正義だとすれば、死刑冤罪は絶対的不正義と言うべきものです。

死刑に絶対的不正義が含まれているとすれば、正義論の観点から言っても、死刑というものは維持しにくくなります。

結局、それが曇りなく正義と言えるのは、大阪の附属池田小学校児童殺傷事件のように、犯人が小学校の教室に乱入して児童や教諭など多くの人々に犯行が現認され、冤罪危険が全くないような場合に限られるでしょう。

この章の最初に、死刑と終身刑の比較が出てきました。そこでは、犯罪の予防効果の点や被害者に対する賠償という観点から、終身刑のほうがむしろ優れているという見解があること（ベッカリーア）も見ました。

両者の比較をする場合、もう一つ、冤罪危険という観点も付け加えなければなりません。

冤罪危険に関しては、死刑では、雪冤の機会が奪われることと、執行後では取り返しがつかないことで、そのリスクが極大化します。もし、これが終身刑であれば、雪冤の機会が終身保障されるわけですから、リスクは極小化します。大きな開きが出てくるわけです。

簡単に図式化して言えば、極悪人を死刑にするために市民が死刑冤罪のリスクを負うべきか、それとも、市民が死刑冤罪に巻き込まれるリスクをなくすために、極悪人を死刑にすることをあきらめるか（終身刑でよしとするか）ということです。そして、ここで前者を選択するという手はないだろうということです。

正義の意味内容は、歴史的に見た場合、次のような変遷を辿っています。

ギリシャ哲学において、ソクラテス以前には、正義の観念は、多かれ少なかれ、自然や宇宙の摂理としての「正しさ」や「調和」と未分離だったのが、プラトンによって「市民の役割や仕事などを含めた人間としてのあるべき生き方」「知恵、勇気、節制などの徳の総和」として捉えられるようになり、さらにはアリストテレスによって財貨の配分の仕方や懲罰関係をも視野に入れたものとして体系化されたと言われています。

近代に入ると、ホッブスによって近代的合理主義の精神から、神や自然といった非合理的な色彩が払拭されて、正義概念は理論的に純化され、「法の遵守」「約束の遵守」とほとんど同じにみなされるようになります。その後は、哲学の大きな潮流として、理性から導き出される最高の道徳を追求する正義論（カントの義務論）、結果としての効用を重視する功利主義の正義論（ベンサム、J.S.ミル）などが現れます。

そして、一九七〇年代にアメリカの政治哲学者ジョン・ロールズが社会制度と関連付けて論じて以来、現代においては、「人類の社会制度の根源をなす根本的な公正さ」と同義において理解するのが支配的になっています。つまり、「社会の公正さ」が正義観念の核心とされるに至っています。

このような「社会の公正さ」という観点からすれば、多少なりとも冤罪の危険がある場合に死刑判決を下すことは、正義とは絶対に相容れないことになります。

もちろん、哲学の世界においても、カントのように「人を殺した者は死ななければならない」として、死刑が肯定されることがあります。カントによれば、この考え方は、「正義の満足のためのいかなる代用物もない」とまで強調されています。ヘーゲルも、「法を否定する者を否定せよ」「否定の否定は肯定だ」という考え方のもとに死刑を肯定しています。ヘーゲルによれば、殺人に対して死刑で対処することは、新たな殺人を加えることではなく、弁証法的にこの二つの上に、より高次のものが誕生するとされます。つまり、そこに正義が生まれるということなのでしょう。

しかし、これらは純粋に理念的に死刑を論じたもので、そこでは法と裁判も純粋理念的に完全形として想定されています。現実の社会制度や冤罪危険を射程に入れた正義論ではないのです。言い換えれば、現実の死刑判決に正義があることを示すものではありません。

正義を実現するためのものと考えられてきた死刑判決。しかし、実は、ほとんどの場合、それには正義があるとは言えないのです。

では、死刑判決が正義でないとすれば、どのような正義が残るのでしょうか。死刑停止社会の正義のあり方は、どうなるのでしょうか。これを次に見ていきましょう。

死刑判決以外の正義のあり方

日本の場合、「死刑停止社会」を現実のものとするのは、比較的容易です。

これが死刑廃止であれば、そのためには法改正が必要になりますから、市民一人の力ではどうしようもありません。けれども、死刑の停止は、裁判員制度を通じて、市民一人ひとりの力でできます。日本の裁判には、事実上の終身刑判決というものがありますから、市民一人ひとりの判断で、死刑を事実上の終身刑判決に代えれば、それで死刑冤罪の危険のない社会が実現します。

その場合、死刑判決に代わる正義はあるのでしょうか。

最近の刑事司法の流れに、「修復的司法」という考え方があります。

これは、被害者と加害者との間の対話を通じて、その関係を修復させ、和解を促し、被害者の癒しに繋げていくという考え方です。司法（裁判所）や矯正（刑務所）は、その調停役を務めるべきだという発想です。

このような考え方には、まだまだ未知数の部分があります。

被害者と加害者の対話や和解を強調することは、犯罪被害の深刻さを覆い隠してしまう危険があります。簡単に被害者の癒しを言うことは、犯罪被害への理解を浅薄なものにするおそれがあります。極限的な犯罪被害を被った被害者にとっては、加害者が何も言わずに消えていくことでしか、「癒し」は得られないのかもしれません。少なくとも、そう言明する被害者に対しては、この考え方は何も力を持ちません。何より、単なるきれいごとではないかという批判を免れないでしょう。

けれども、このような考え方は、新しい正義のあり方を提案するという点では画期的なものを含んでいます。

これまで、私たちは、目を覆うような悲惨な犯罪被害に接すると、その犯人を死刑とすることで、気持ちの面で一区切りつけてきました。それで終わりとしてきました。

しかし、そこでは、被害者と加害者の間は断絶されてしまって終わっています。

「修復的司法」のもとでの正義、つまり「修復的正義」は、その点を問題にするものです。

「修復的正義」は、何とかして被害者と加害者との接点を探ろうとするものです。「精神の癒し」という点において被害を受けた側も回復不可能ではないと見て、そのための方策を模索するものです。そして、その被害者側の回復のためには、加害者の姿勢が問われるという考え方です。これが、「修復」の意味です。

それは容易なことではないでしょう。けれども、前に登場したハリウッドの脚本家ノーマン・フェルトマンのような例もあります。殺人者をモンスターとして処刑しても自分たちの傷は癒されないとして、実の娘とその赤ん坊を惨殺した犯人に死刑を求めなかった被害者の実例です。

日本の例で見ても、**愛知・京都連続保険金殺人事件（昭和五四年）**のように、死刑囚を許す気持ちになった被害者遺族も存在します。また、**富山・長野連続誘拐殺人事件（昭和五五年）**でも、娘を殺された被害者（母親）が、「死刑を望むより犯人を許すほうが娘も救われるのではないか」とその心情を述べていて、その様子はテレビでも広く紹介されました。

もちろん、それは、犯人の側に厳しく自己の行いを見つめ直す姿勢があってのことです。大阪の附属池田小学校児童殺傷事件の犯人のような態度では、被害者の赦しなど望むべくもありません。

「修復的正義」のもとでは、加害者に罰を加えることで加害者の内省を促します。加害者が自己を見つめ直し、罪と向き合うことで、心底、被害者に赦しを乞うまでの心情になることを求めます。神に赦しを乞うのと同様の意味において、被害者に赦しを乞う心情になることを要求します。被害者には、加害者のそのような姿勢に理解を示すことは求めません。赦しを与えることは求めませんが、それを期待します。それによって、被害者が癒しを得られることを期待します。

そこでは、犯人を死刑にして気持ちに一区切りつけるのではなく、加害者と被害者の精神的な接点を模索することに正義の意味を見出します。また、そこでは、一瞬にして命を奪って終わりにするのではなく、「いのち」の意味を問い続けていきます。

終身刑の受刑者は、一生涯かけて自己を見つめ直し、極限まで罪と向き合い、死ぬまで被害者に赦しを乞うことが求められます。終身刑は、「緩やかな死刑執行」と否定的に言われることもありますが、むしろ、そこでは、生きることそのものが償いです。刑務所の中でどう生きるかが問われ、それが償いとなるかならないかが一生涯かけて問われるのです。

実際のアメリカの終身刑受刑者たちの肉声に、次のような言葉があります。

「終身刑の期間から逃れるわけにはいかない。しかし、終身刑は、生命が至る所にあると感じて、精神を開いた状態で勤めることが可能だし、またそうすべきだ」

「私は祈るが、釈放を求める祈りではない。今日という日を切り抜けられるように祈る。同じ過ちを繰り返さないようにと祈る」

「私は高潔な人格を学んだ。そして、どうして私にはそれが全くないのかを学んだ」

「あれは、やはり恐るべき犯罪だった。多分、私は、そのような理由でここにいるべきなのだろう。死んだ人は家族のもとには決して戻ることはできないのだから。だから、多分、私はここにいるべきなのだ」

「私にできる唯一の方法は、本気で、正直で誠実になることだ。他人に対してだけでなく、私自身に対しても」

「私は罰を受けなければならない。神が私の肩を軽く叩いた。そして、私が本当に耳を傾けたいと思う時がやってきた」（ハワード・ゼア『終身刑を生きる』〔西村春夫・細井洋子・高橋則夫監訳〕現代人文社）

「修復的正義」は、司法の領域にとどまらず、この世界のさまざまな分野に広がりつつあります。たとえば、国家間、民族間の紛争処理理念としても注目されています。民族間の憎しみを取り除く方法としては、このような平和的なプログラムしかないからです。

それは、どの分野でもまだ成功しているとは言えないかもしれませんが、新たな地平を切り開こうとするものであることは間違いありません。正義論においても、あるべき社会の姿という意味においても。

だから、今ここで、私たちが、それに賭けない手はないのでしょう。

あとがき

死刑の源流を辿る旅も、ついに終わりまできました。

この本の最後の章では、多少価値判断めいたことも述べましたが、それが主題ではありませんし、その価値判断を押し付けるつもりも毛頭ありません。

本書の目的は、あくまで、読者のみなさんが死刑という困難な問題を考えてゆくときに、その手掛かりを提供することにあります。

また、裁判員時代の市民として、読者のみなさんには、いつしか、究極の決断をしなければならない「いざという時」がめぐってくるかもしれません。その時のために具体的な選択肢を示すものです。

あとは、市民一人ひとりの自由な意思によることです。

ただ一つ強調したいのは、死刑をどう扱うかは、社会の姿に直接関係しているということです。

で見た日本の姿そのものでもあります。

戦後の日本の死刑事件の移り変わりは、第一章で見てきましたが、それは、死刑という断面
　刑事司法には社会をコントロールし、形づくっていくという側面があるわけです。

　ですから、「残虐極まりない」「人として許されない」「人間性が認められない」等々の当の事件限りの判断で済むものでは決してありません。その事件だけを見て死刑という判断をするのは、刑事司法の役割を見誤るものです。そこでは、これまでの日本の死刑裁判の全体像を捉えたうえで、将来のあるべき社会の姿がどうなるかが問われているのです。

　もし、そのような展望なしに死刑判決を下すならば、場当たり的なものになるだけでなく、日本の社会を展望のないものにしてしまうおそれさえあります。

　裁判員時代の死刑裁判に求められているのは、個人の倫理観や正義感のほかに、日本の社会を自分自身の社会として実感し、社会と死刑のかかわりを感じ取る「こころ」なのでしょう。

　そういう観点から、この本をもう一度読み返してもらえたならば、これに優る喜びはありません。

二〇一一年五月

森　炎

著者略歴

森　炎《もりほのお》

一九五九年生まれ。東京大学法学部卒業。
東京地裁、大阪地裁などの裁判官を経て、
現在、弁護士（東京弁護士会所属）。
裁判官時代には官民交流で一年間最高裁から
三井住友海上火災保険㈱に出向勤務経験を持つ。
著書に『裁く技術』（小学館101新書）、
『裁判員のためのかみくだき刑法』（学研新書）、
『「裁く」ための練習帳』（学習研究社）、
『あなたが裁く！「罪と罰」から「1Q84」まで』（日本経済新聞出版社）など。

幻冬舎新書 217

なぜ日本人は世界の中で死刑を是とするのか
変わりゆく死刑基準と国民感情

二〇一一年五月三十日 第一刷発行

著者 森炎
発行人 見城徹
編集人 志儀保博
発行所 株式会社 幻冬舎
〒一五一-〇〇五一 東京都渋谷区千駄ヶ谷四-九-七
電話 〇三-五四一一-六二一一(編集)
〇三-五四一一-六二二二(営業)
振替 〇〇一二〇-八-七六七六四三
ブックデザイン 鈴木成一デザイン室
印刷・製本所 中央精版印刷株式会社

Printed in Japan ISBN978-4-344-98218-5 C0295
も-6-1